Elin Brodin

Das Buch der Sklaven

Zehn Texte über Tiere

Deutsch
von Gabriele Haefs

Illustriert
von Hanno Rink

Verlag Sauerländer
Aarau · Frankfurt am Main · Salzburg

Gewidmet allen lebenden Seelen –
in Freiheit
und in Gefangenschaft

Elin Brodin
Das Buch der Sklaven
Zehn Texte über Tiere

Deutsch von Gabriele Haefs
Umschlagbild und Innenillustrationen von Hanno Rink

Copyright © 1993 by Elin Brodin and H. Aschehoug & Co.
(Titel der norwegischen Originalausgabe: *Slavenes Bok*)

First published by H. Aschehoug & Co., Oslo

Copyright © 1996 Text, Illustrationen und
Ausstattung der deutschen Ausgabe by Verlag Sauerländer,
Aarau, Frankfurt am Main und Salzburg

Published with a translation grant from NORLA

Printed in Germany

ISBN 3-7941-4085-0
Bestellnummer 01 04085

Die Deutsche Bibliothek – CIP-Einheitsaufnahme
Brodin, Elin:
Das Buch der Sklaven: zehn Texte über Tiere / Elin Brodin.
Ill. von Hanno Rink. Dt. von Gabriele Haefs. – Aarau ;
Frankfurt am Main ; Salzburg : Sauerländer, 1996
ISBN 3-7941-4085-0

Inhalt

Zeichen

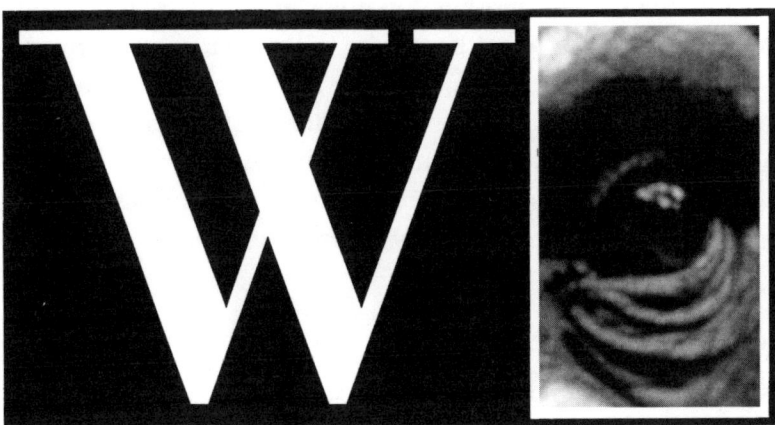

Wenn Tanya das Labor betritt, freut er sich jedesmal. Dann erfüllt ihn Wärme. Kyle mag Tanya. Er streckt durch das Gitter die Arme nach ihr aus, und meistens öffnet sie sofort die Tür und kommt zu ihm, nimmt ihn in die Arme und begrüßt ihn.

Tanya ist nicht wie er.
Tanya ist kein Affe.
Aber sie versteht ihn besser als sonst ein Mensch. Wenn Kyle und Tanya miteinander reden, vergißt er manchmal fast, daß sie kein Affe ist. Dann sieht er nicht mehr ihr blasses, haarloses Gesicht und die Finger mit den lackierten Nägeln. Sieht nicht diese seltsamen weißlichen Haare, die sie im Nacken zu einem Klumpen aufgewickelt hat. Bemerkt nicht mehr den scharfen, unangenehmen Geruch ihres Parfüms.
Er sieht nur ihr Lächeln, breit und offen, und er lächelt dann auch.

Tanya besucht ihn ziemlich oft.

Aber nicht so oft, wie Kyle sich das wünscht.

Manchmal sitzt er auf dem Boden und wiegt sich aus Sehnsucht nach ihr hin und her. Er öffnet und schließt die Hände und denkt daran, wie schön es ist, sie umarmen zu können.

Die anderen Menschen fassen Kyle nicht gern an. Sie machen es nur, wenn es sich nicht vermeiden läßt. Keiner von den anderen hat irgendeine Ähnlichkeit mit Affen.

Sie kehren ihm den Rücken zu und gießen Flüssigkeiten in kleine Flaschen. Und wenn sie reden, dann über restlos unbegreifliche Dinge.

Tanya hat ihm viel beigebracht.

Kyle kann mit dem Fotoapparat Bilder machen, und das macht ihm einen Riesenspaß. Er ist außer sich vor Begeisterung, wenn Tanya ihm das Ergebnis in die Hand legt und er zusehen kann, wie das Bild entwickelt wird. Er schüttelt oft die Kamera und möchte wissen, wie die Bilder dort hineingekommen sind.

Er kann auch mit Messer und Gabel essen. Zweimal hat Tanya mit ihm zusammen gegessen. Das hat Spaß gemacht. Aber sie hat nur selten Zeit für so etwas.

Kyle kann vom Computer ablesen und Zahlen zusammenziehen.

Ab und zu muß er einen Kopfstand machen, um wieder zu sich zu kommen, wenn er hart gearbeitet hat. Das darf er, wenn er nicht zuviel herumtrödelt.

Tanya ist lieb, aber sie hat es immer schrecklich eilig.

Sie bringt ihm Wörter bei, und er versucht, ihr das Spielen beizubringen. Das ist sehr viel schwieriger.

Manchmal ist Tanya so müde, daß ihr Gesicht richtig runzlig wird. Es kommt vor, daß sie schon so aussieht, wenn sie morgens ins Labor kommt.

Und dann folgt nur selten ein guter Tag.

Tanya kann auch böse werden, sehr böse.

Das kann Kyle auch, aber Tanya hat keine Angst vor ihm, und deshalb bringt es nicht viel. Kyle hat schreckliche Angst, wenn Tanya böse wird, denn sie kann ihn bestrafen.

Es kommt ihm eigentlich nicht richtig vor, daß er als einziger Angst haben soll, aber so war es immer schon.

Kyle mag Bernhard nicht.

Bernhard ist immer angespannt. Egal, wie oft Kyle auf dem Kopf steht – wenn Bernhard etwas von ihm will, kann er sich einfach nicht richtig konzentrieren.

Und immer wollen sie etwas von ihm, die Menschen. Sie sind eifrig und fleißig. Ehrlich gesagt, sie können ganz schön nerven.

Leider kommen sie nie in seinen Käfig, um einfach zu spielen, zu schmusen, zu quatschen und auf dem Rücken zu liegen oder am Gitter zu hängen.

Die Menschen haben offenbar keine Zeit, um sich auszuruhen. Vielleicht machen sie das, wenn sie nicht im Labor sind, wenn sie Kyle so entsetzlich allein lassen.

Manchmal möchte er Bernhard schlagen, weil Bernhard einfach nicht lieb ist.

Solche Gedanken kommen Kyle, wenn er einsam in seinem Käfig sitzt und nichts mit sich anzufangen weiß. Und dann stellt er sich vor, wie er Bernhard ins Gesicht schlägt und ihn anpöbelt und ihn »Ratte« nennt. Die Menschen haben ihm nämlich beigebracht, daß Ratten etwas ganz Übles sind.

Er stellt sich vor, wie er Bernhard in den Kühlschrank sperrt.

Aber wenn sich gleich darauf die Tür öffnet und Bernhard auftaucht, führt Kyle seine Vorhaben dann doch nie aus.

Statt dessen freut er sich, weil er nicht mehr allein ist, und er versucht, Bernhard zufriedenzustellen und alles zu tun, was er sagt, auch wenn ihm das niemals ganz gelingt.

Bernhard ist ein großer Mensch mit kräftigen Kiefern und Armen. Er ist richtig erwachsen, und er ist der Anführer.
Tanya und die Laboranten befolgen Bernhards Befehle, obwohl er nicht laut ruft oder mit den Armen fuchtelt.
Bernhard ist kein besonders guter Anführer, er kümmert sich nämlich nicht um die anderen Mitglieder seiner Horde. Aber er ist dennoch ein starker Anführer, er setzt seinen Willen durch.

Kyle hat Erinnerungen.
Die besten Erinnerungen stammen aus dem letzten Labor, wo außer ihm noch drei Affen waren. Es war so schön, mit anderen Affen spielen zu können, und eine Äffin, Rosemary, war seine Mutter.
Rosemary wurde krank und starb, als Kyle noch nicht richtig erwachsen war. Es war schrecklich traurig. Sie starb auf einer Decke, und dabei floß ihr Blut aus dem Mund. Und die ganze Zeit standen die Menschen um sie herum und schauten zu.

Kyle denkt oft an die Zeit mit Rosemary und den anderen Affen.
Die beiden anderen hießen Castor und Gremlin. Castor war der Anführer, ein großer, kluger, liebevoller Affe, der immer gute Ideen hatte, um alle zu beschäftigen.
Gremlin war mürrisch und quengelig, aber ab und zu konnte auch sie nett sein. Wenn sie sich erst einmal dazu aufgerafft hatte, machte es Spaß, mit ihr zu spielen, aber ihre gute Laune hielt nie lange vor. Manchmal preßte sie sich an die Käfiggitter und schlug die Hände vors Gesicht, und Kyle fand das

immer ganz schrecklich. Manchmal wurde er dann böse auf die kleine Gremlin, weil sie dieses scheußliche Gefühl in ihm auslöste. Auch Rosemary konnte böse werden, wenn Gremlin zuviel herumjammerte und schmollte.
Aber Castor wurde nicht böse. Er setzte sich neben Gremlin, streichelte ihre Schulter und sprach über etwas anderes. Castor war ein guter Anführer.

Manchmal hat Kyle schreckliche Sehnsucht nach Rosemary und Castor. Ja, er vermißt sogar Gremlin. Wenn sie nur hier wäre, dann würde er sie ebenso geduldig streicheln, wie Castor das gemacht hat. Nie mehr würde er sie aufziehen, weil sie Angst vor den Menschen hat.

Bernhard ist oft unglaublich gemein zu den Ratten.
Kyle weiß, daß die Ratten im Labor nichts zu sagen haben, viel weniger als irgendwer sonst. Aber er muß sich doch die Ohren zuhalten, wenn die Ratten in ihrem Käfig schreien.
Immer wieder werden neue Ratten gebracht und die toten in Plastiktüten weggeschafft.
Kyle weiß, daß die neuen Ratten bald anfangen werden zu winseln, wenn die kleinen Lampen blinken, oder daß sie umfallen und Krämpfe bekommen werden.
Und daran ist Bernhard schuld. Das hat Kyle inzwischen kapiert. Bernhard zieht seine Handschuhe an und summt vor sich hin, und dann geht es wieder los.

Aber Tanya scheint auch nicht immer nett zu den Ratten zu sein.
Und dann hängt sie manchmal vor Kyles Käfig ein Handtuch, und er weiß nicht, was draußen vor sich geht. Manchmal hört er dann die Ratten.
Er versucht, nicht daran zu denken. Kyle hat Tanya doch lieb.

Seit er in dieses Labor gekommen ist und Bernhard und Tanya kennengelernt hat, bringen sie ihm Zeichen bei. Anfangs haben sie es beide versucht, aber jetzt hat er meistens mit Tanya zu tun.

In der ersten Zeit im neuen Labor hatte er so schreckliche Sehnsucht nach den anderen Affen, daß er den ganzen Tag jammerte und weinte. Damals hat Tanya ihn getröstet, und sicher hat er sie deshalb so lieb. Er hat sich an sie geklammert und geheult, und das hat sie ihm erlaubt.

Und jeden Tag kommt sie und bringt ihm neue Zeichen bei.

Kyle versteht nicht immer, was Tanya meint, und auch Tanya kann Kyle nicht immer verstehen.

Aber sie geben sich Mühe, und immer häufiger gelingt es ihnen. Als wären sie beide Affen oder beide Menschen.

Tanya gibt sich große Mühe, ihn zu verstehen. Und da muß sie ihn doch liebhaben.

Im tiefsten Herzen weiß Kyle, daß Tanya ihn nicht so gern hat wie er sie.

Es ist ein böses, wehes Gefühl, das er immer schnell wegschiebt, aber ab und zu überrumpelt es ihn doch.

Tanya geht weg, und dann geht sie zu anderen. Und oft sieht sie zufriedener aus, wenn sie das Labor verläßt, als morgens, wenn sie zu ihm kommt, obwohl er doch vor Freude losquietscht, wenn er sie nur erblickt.

Sie ist das Wichtigste in seinem Leben, denn alles andere sind nur Erinnerungen. Rosemary ist tot, und dann ist alles aus.

Castor und Gremlin sind weit weg, und er kann sich nicht mehr deutlich an ihre Gesichter erinnern.

Tanya ist keine Äffin, aber sie sieht ein ganz kleines bißchen so aus. Nur Kyle ist ein echter Affe.

Kyle kann sich im Spiegel sehen. Tanya findet das gut. Auch Bernhard gefällt es, wenn Kyle sich im Spiegel betrachtet.
Sie klatschen in die Hände und sagen »Affe« und »Kyle«, und er weiß natürlich genau, was sie meinen. Affe und Kyle sind da im Spiegel.
Er hat auch fremde Affen gesehen, auf Fotos und in Filmen. Anfangs geriet er dann völlig außer sich, weil er die Affen im Film nicht anfassen konnte, aber schließlich hat er sich daran gewöhnt.

Für alles im Labor gibt es Zeichen und Wörter. Manchmal sagen Tanya oder Bernhard ihm, wie die Dinge heißen, manchmal fragt er auch selber, wenn er etwas Neues entdeckt.
Manches ist lehrreich, witzig oder spannend, zum Beispiel Gummibälle, Rechenschieber oder Kreide. Andere Dinge lassen sich gut kauen, wie Banane und Nuß und vor allem Schokolade.
Anderes ist weniger interessant, wie Skalpell und Ampulle und Knochensäge. Er begreift nicht so ganz, wozu die gut sein sollen, aber Ampulle scheint etwas mit Spritzen zu tun zu haben, und er kann sich vage daran erinnern, daß Gremlin Angst vor Spritzen hatte. Aber die uninteressanten Dinge haben meistens mit den Ratten zu tun.
Einzelne Zeichen bedeuten überhaupt keine Gegenstände, sondern Gefühle oder Dinge, die er tun soll. Wie Arbeit, ausruhen, böse, Angst, verzweifelt, müde, traurig, keine Lust, einsam und verwirrt.

Tanya hört zu, aber sie ist nicht immer seiner Ansicht.
Wenn es Kyle schlecht geht, dann sagt Tanya oft, er solle sich zusammenreißen. Sie lacht und klatscht in die Hände, wenn er sich wünscht, daß sie sich neben ihn setzt und ihm den Kopf krault, wie Castor das immer gemacht hat.

Kyle wünscht sich noch soviel.

Er weiß nicht immer, wonach er sich sehnt, nur, daß die Sehnsucht stark und schmerzhaft ist und ihm in der Brust weh tut. Und dann legt er sich hin, verschränkt die Arme über dem Kopf und jammert. Meistens ist er allein, wenn er solche Anfälle hat, und niemand kann ihn dann trösten.

Wenn Bernhard dabei ist, hat Kyle auch keinen Trost zu erwarten, jedenfalls keine Zärtlichkeit, höchstens vielleicht eine Frucht. Und wenn Tanya kommt, streichelt sie ihn ein Weilchen und holt dann etwas, das ihn erst mal vergessen läßt, wie unglücklich er ist. Und wenn ihm das dann wieder einfällt, hat er ein ganz komisches Gefühl, als ob sie ihn hereingelegt hätte.

Tanya scheint seinen Kummer nicht ganz ernst zu nehmen, nicht so wie Rosemary und Castor das gemacht hätten. Tanya lächelt ihn aufmunternd an und klingelt mit einem Glöckchen, und danach muß er ihr genau zuhören.

Sie macht die Zeichen für Arbeit und tüchtig.

Vor langer Zeit dachte er, Tanya hätte ihm einen neuen Namen gegeben und er hieße nicht mehr Kyle, sondern tüchtig. Weil sie das immer wieder zu ihm gesagt hat.

Jetzt weiß er das natürlich besser. Und er freut sich, weil sie ihn tüchtig findet. Aber manchmal möchte er so schrecklich gern von ihr gestreichelt werden, auch wenn er nicht zuerst gearbeitet hat. Möchte, daß sie strahlt, wenn sie ihn sieht, ob er das nun verdient hat oder nicht.

Er weiß nicht, wohin die Menschen gehen, wenn sie das Labor verlassen.

Unzählige Male hat er Tanya angefleht, ihn mitzunehmen. Er hat die Arme nach ihr ausgestreckt und gebeten und gebettelt und versprochen, brav zu sein.

14

Aber er darf nicht mit. Jetzt bittet er sie nicht mehr so oft. Er hat begriffen, daß das aus irgendeinem Grund nicht geht. Sie werden ihn niemals in die große und seltsame Welt draußen vor der Tür mitnehmen, die Welt, von der er ein paar verwirrende Eindrücke bekommen hat, als er aus dem anderen Labor hergebracht wurde.

Dieser Ort, der die Menschen froh macht, jedenfalls ein bißchen froher.

Vielleicht ruhen sie sich da draußen aus. Vielleicht spielen sie miteinander und liegen unter hohen Bäumen auf dem Rücken, wie die Affen im Film.

Sie zeigen ihm viele Bilder und Filme. Bunte Dinge wie Papageien und Blumen und andere wie Maschinen und Gebäude. Sie zeigen ihm Menschen, die ihre Kinder küssen, und Menschen, die sich prügeln.

Immer wieder wollen sie wissen, wie Kyle das gefällt, was er sieht, und Kyle erzählt, so gut er kann. Meistens sind sie dann zufrieden und sagen tüchtig. Aber manchmal finden sie, daß Kyle nicht das Richtige denkt und fühlt, wenn er die Bilder sieht, und dann zeigen sie es ihm noch einmal und erklären, was die Bilder für sie bedeuten.

Oft kapiert Kyle, worauf die Menschen hinauswollen. Manchmal versteht er es nicht, gibt das aber nicht zu, damit sie nicht weiter herumnerven. Eine Zeitlang konnte er sie leicht austricksen, aber es wird immer schwieriger, weil sie jetzt aufpassen und ihn schon zweimal erwischt haben. Aber sie sind nur selten böse, wenn er sie an der Nase herumführt. Nicht einmal Bernhard wird dann wütend. Sie lachen. Sie sagen nicht »tüchtig«, meinen das aber. Sie lachen und streicheln ihn.

Die Menschen lachen eigentlich oft über ihn.

Manchmal findet auch Kyle das witzig, aber das ist nicht immer der Fall. Wenn er sich ernsthaft bemüht, ihnen etwas zu zeigen, und sie über ihn lachen, ist er enttäuscht. In gewisser Hinsicht verstehen sie ihn so gut, aber gleichzeitig gibt es einen Abgrund zwischen ihnen, und das macht Kyle verzweifelt und traurig, denn er hat ja nur diese Menschen.

Der Abgrund kommt daher, daß sie über ihn lachen und daß sie weggehen und ihn einsperren.

Er lebt in der Welt der Menschen. In mancher Hinsicht ist ein Labor nur die Welt der Menschen, auch wenn dort noch Tiere leben. Er begreift nicht, wie das möglich ist, aber es ist wirklich so.

Wieviel er auch lernt, wie tüchtig er auch wird, wie sehr er Tanya auch liebt – nie wird er wirklich ein wichtiger Teil ihres Lebens werden. So war es von Anfang an, und er findet das nicht richtig, es soll nicht so sein, er will weg hier.

Er will sich von den Bäumen schwingen und selber auch ein bißchen bestimmen und zwischen den Blumen auf dem Rükken liegen.

*

Eines Tages sind Bernhard und Tanya beide sehr mies gelaunt, und Kyle weiß nicht, warum.

Es hängt wohl mit Dingen zusammen, die er nicht kapiert, so richtigen Menschendingen. Als er Tanya fragt, was los sei, macht sie das Zeichen für Abweisung, sie kann es ihm nicht erzählen.

Das Zeichen für Abweisung macht Kyle immer traurig, obwohl Tanya ihm erklärt hat, daß es manchmal so sein muß und daß sie ihm damit nicht weh tun will.

Tanya ist so sauer, daß sie nicht einmal arbeiten kann. Sie sieht genauso mürrisch aus wie Gremlin.

Tanya verläßt das Labor und vergißt, sich von ihm zu verabschieden.

Bernhard sitzt noch immer auf seinem Stuhl. Er dreht sich mit dem Stuhl hin und her und knirscht mit den Zähnen. Dann füllt er eine Spritze und schüttelt sie und macht etwas falsch, als er sie einer Ratte einspritzen will, und dann ist er noch wütender und wirft die Ratte weg.

Kyle setzt sich in den Käfig und lehnt sich an die Stäbe. Er hat Angst, wenn der Anführer so wütend ist. Fast wünschte er, Bernhard ginge auch. Aber eigentlich will er das doch nicht, denn Alleinsein ist noch viel schlimmer, und jetzt fangen die Ratten auch wieder an zu winseln.

Bernhard legt eine Decke über den Rattenkäfig, an dem die rote Lampe blinkt. Auch Bernhard will sie nicht sehen. Manchmal dauert es sehr lange, bis sie tot sind. Mit winzigen schwarzen Augen starren sie durch den Draht, und sie klammern sich mit ihren dünnen Pfoten daran fest. Kyle kann sich gut daran erinnern. Manchmal muß er sich abwenden und die Ohren zuhalten. Manchmal, wenn er mit den kranken Ratten allein im Labor ist, schüttelt er das Gitter und brüllt. Das wagt er jedoch nicht, wenn Bernhard da ist.

Jetzt steht Bernhard auf und wandert im Labor hin und her. Er spricht mit sich selber, über Dinge, die Kyle nicht versteht. Bernhard sieht zum Rattenkäfig hinüber und seufzt auf Menschenart tief auf und spielt am Kugelschreiber in seiner Kitteltasche herum. Kyle sieht ihn einfach an und ist ganz still, um ihn nicht zu stören.

Bernhard setzt sich wieder auf den Stuhl. Er sieht überhaupt nicht zu Kyle herüber, scheint Kyle vergessen zu haben. Wütend dreht er sich mit dem Stuhl herum und murmelt vor sich hin. Noch immer ist es dieses Menschengerede, das Kyle nicht verstehen kann, aber immerhin schnappt er das eine oder andere Wort auf. Offenbar fragt Bernhard sich, was er hier überhaupt macht und wie er weiterkommen soll. Das ist seltsam, findet Kyle, daß ein Anführer wie Bernhard das nicht weiß. Und plötzlich beugt Bernhard sich über den Tisch und legt den Kopf auf die Arme. Er sieht so unglücklich aus, fast wie ein Affe. Noch nie hat Bernhard für Kyle soviel Ähnlichkeit mit einem Tier gehabt.

Zum ersten Mal empfindet er Zärtlichkeit für Bernhard. Kyle steht auf und geht zum Gitter, umfaßt die Stäbe mit den Händen. Am liebsten würde er zu dem Menschen auf dem Stuhl gehen. Er muß Bernhard doch trösten, aber dazwischen ist nun einmal das Gitter. Kyle läßt ein fragendes Schmatzen hören. Zuerst hört Bernhard das nicht. Er weint einfach weiter. Wieder schmatzt Kyle, und Bernhard hebt den Kopf. Er dreht sich mit seinem Stuhl um und sieht Kyle an. Er fragt: »Ja?« Kyle legt den Kopf schräg, schmatzt noch einmal leise und streckt die Hand durch die Gitterstäbe. Er macht das Zeichen für Trost, das er bisher nur benutzt hat, wenn er selber um Trost bitten wollte. Jetzt will er natürlich Bernhard trösten, und er hofft, daß der Anführer die neue Bedeutung dieses Zeichens versteht. Bernhard versteht. Sein Gesicht hellt sich auf, und Kyle ist sicher, daß Bernhard ihn versteht. Aber trotzdem steht Bernhard nicht auf. Er kommt nicht zum Käfig, um sich trösten zu lassen. Er sitzt einfach nur da und sieht ängstlich aus.

Eine Weile wartet Kyle geduldig. Dann macht er das Zeichen noch einmal, um festzustellen, ob der traurige Mensch wirklich begriffen hat. Kyle streichelt die Luft vor seinem Käfig, als ob er Bernhards zerzausten, viereckigen Kopf vor sich hätte. Er piepst vor Mitleid. Wenn Bernhard doch nun endlich zum Gitter käme, um sich helfen zu lassen!

Aber Bernhard traut sich nicht. Er bleibt steif auf seinem Stuhl sitzen. Dann springt er plötzlich auf und stürzt davon, die Tür fällt hinter ihm ins Schloß.

Arm und verwirrt sitzt Kyle auf seinem Käfigboden. Bernhard ist in die Welt außerhalb des Labors geflohen, und Kyle ist mit seinen Zeichen allein.

Aber er hat heute etwas Neues gelernt, etwas, das schlimm und gut und vor allem seltsam ist. Er weiß jetzt, daß auch Menschen Trost brauchen und daß sie einsam und hilflos sind.

Wenn ein Mensch weint, dann geschieht das mit affenhafter Traurigkeit und Innigkeit.

Auch die Menschen brauchen Trost. Aber sie wagen nicht, ihn anzunehmen.

Das Ungeheuer

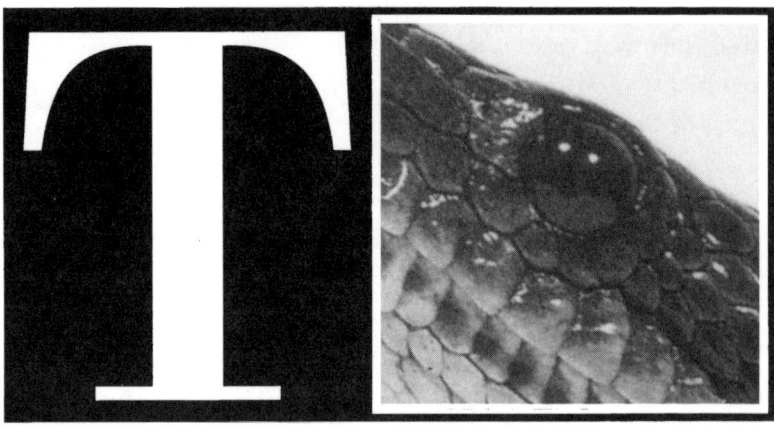

Tief in Knorpel und Nerven vermißt sie den sonnenwarmen Stein.

Früher einmal hat die Welt sich ausgeweitet, und sie glitt über heiße Flächen, allein und zusammen mit den anderen.

An guten Tagen lag sie ausgestreckt im Licht, bis es gegen Abend dunkel wurde. Sie ließ sich von der Zungenspitze bis zum Schwanz durchströmen, bis sie mit dem Licht um sie herum verschmolz.

Jetzt ist die Welt eng und verschlossen.

Sie rollt sich zusammen, es tut weh. Denn überall sind Wände.

Sie möchte lieber auf dem Stein liegen, aber es gibt keinen Stein.

Sie möchte die Düfte des Unterholzes einsaugen, sich im Sonnengeflimmer wälzen. Das Licht sehen.

Aber sie liegt einfach nur zusammengerollt hier, krümmt sich auf feuchten Sägespänen zusammen. Kalte Schatten drohen, und es gibt keinen Weg, an dem sie entlangkriechen könnte.

Tief in Knorpel und Nerven weiß sie, daß es am anderen Ort eine Erlösung gab, die in Stein und Licht wohnte.

Manchmal kommt das Ungeheuer.
Seine Schritte lassen ihren Körper vibrieren, und sie hat gelernt, die Schritte zu erkennen.
Wenn er kommt, starrt sie vor sich hin, als wäre sie krank.
Sie will fort, aber fort ist nicht hier, und sie starrt.

Das Ungeheuer hebt sie mit festem Griff hoch und kneift sie in den Schwanz. Und das tut jedesmal von neuem weh.
Seine Haut ist feucht und immer heiß, obwohl es keine Sonne mehr gibt.
Er kratzt mit Krallen auf ihrer Haut herum. Er markiert sie mit fremden Zeichen.
Und ab und zu bringt er ihr etwas zu essen, ein kleines Tier, das sie in der engen, kleinen Welt zwischen den Wänden verschlucken kann.
Aber dann muß sie für ihn tanzen.
Wieder und wieder versammeln die Ungeheuer sich im Kreis.
Es ist eine große Herde, und sie sieht, wie die Ungeheuer sich hin und her bewegen.
Sie spürt die Stöße im Boden, wenn eines von ihnen sich ihr nähert.
Sie wird mitten in den Kreis gelegt. Dort kann sie sich ausstrecken. Aber auch hier gibt es kein Entkommen.
Das Ungeheuer sticht sie mit einem Stock.
Sie weiß, tief in Knorpel und Nerven, daß sie hier die einzige ihrer Art ist.

Das Ungeheuer sticht und schlägt auf sie ein, daß sie sich im Kreis bewegt. Er bringt sie zum Tanzen.
Sie streckt ihre Zunge hervor. Sie ist wehrlos.

Ihr Schwanz tut noch weh, weil das Ungeheuer sie so fest gekniffen hat.

Er schleift sie durch dreckige Sägespäne und hebt ihren Körper triumphierend hoch.

Ihr Schwanz wird sich immer an diesen Schmerz erinnern.

Steif tanzt sie ihren ewigen Tanz für die Fremden, wird gestochen und gekniffen.

Lahm und zerstört hängt sie im Griff des Ungeheuers.

Und im Kreis gibt es strahlendes Licht.

Aber es ist nicht so warm wie die Sonne, und es scheint nicht auf Steine. Ein Licht, das nicht wärmt und das nicht auf Steine scheint, hat keinen Sinn. Sie kann dieses Licht nur vage ahnen, und jedesmal verwirrt sie das von neuem.

Die Bewegungen der Ungeheuer dringen in sie ein, hämmern in ihr. Die Ungeheuer fuchteln mit ihren vielen Gliedern.

Sie sind unbekannte Wesen, die weit entfernt von einer Welt aus segensreichem Stein leben.

Wenn sie allein im Käfig liegt, auf dicken Staubschichten, fast irrsinnig vor Krämpfen und Angst, sehnt sie sich nach dem Ungeheuer. Danach, daß er sie hochhebt, damit sie den Körper ausstrecken und diese schrecklichen, marternden Schmerzen mildern kann.

Das Schrecklichste sind die Wände. Die Wände, die sie einsperren. Sie spürt die steilen Flächen an ihrem Körper, und es gibt keinen Weg, kein weg.

Aber wenn das Ungeheuer kommt und sie in den Kreis trägt und den Fuß auf ihren Nacken setzt, dann will sie zurück in die Einsamkeit. Weg von der Wildheit der Ungeheuerherde, die den Boden beben läßt.

So trägt er sie, vom Kerkerloch in den Kreis, vom Kreis ins Kerkerloch. Nirgendwo kann sie noch Wärme finden.

Aber eines Abends gibt es eine Möglichkeit.

Sie spürt sofort, daß vielleicht eine Möglichkeit zur Flucht besteht.

Mitten im strahlenden Kreis, wo die Unruhe der Ungeheuer alles erzittern läßt, erwacht ihre Hoffnung.

Denn das Ungeheuer verliert ihren Schwanz aus dem Griff, als sie auf seinen Schultern liegt. Er macht einen Fehler, und sie ist da, wo sie sein soll, und alles kann anfangen.

Sie weiß, was sie tun muß.

Sie reißt sich vollends los, legt sich anders hin und verknotet sich.

Das geschieht ganz schnell. Sie erinnert sich.

Jetzt kann sie die Bewegungen der Ungeheuerherde nicht mehr spüren. Sie spürt nur das Summen in Knorpel und Nerven, es erfüllt sie vom Kopf bis zum Schwanz.

Das Ungeheuer windet sich, unbeholfen, in Panik.

Jetzt kämpft es.

Aber sie selber kämpft auch, und sie ist viel stärker. Sie arbeitet. Sie will ihn zerbrechen.

Und derweil sehnen Knorpel und Nerven sich nach heißem Stein, danach, noch einmal im echten, brennenden Licht zu zerfließen, aus dem alles Leben stammt.

Für einen Moment kommt ihr eine Ahnung, die Erinnerung an Lehm, an weiche Blätter auf der Zunge, an Regen, der über ihre Schuppen strömt. Und vor allem an Stein und Licht.

Dann ist plötzlich alles anders.

Das Licht zersplittert.

In Knorpel und Nerven erlischt die letzte Erinnerung an die Welt, und alles verschwindet.

*

Die große Boa liegt tot in der Manege.

Das Sägemehl unter dem getöteten Körper des Reptils ist blutdurchtränkt.

Als die Schlange den Dompteur angriff, war sofort ein Zirkusarbeiter zur Stelle. Im letzten Moment konnte er die Schlange erschießen, ohne den Mann zu verletzen.

Die Kugel fuhr quer durch den flachen Schlangenkopf, der in diesem Moment in starrer Haltung zum Angriff erhoben war, während die lebensgefährlichen Muskeln den Menschenleib zusammenpreßten.

Jetzt ist es vorbei.

Der Dompteur zittert nach diesem Schock. Und er schämt sich und ist verzweifelt, weil er versagt hat – und er ist wütend, weil das kostbare Tier tot ist.

Ihm ist es eine Ehrensache, Schlangen zu bezwingen.

Jetzt kniet er im Sägemehl. Er trägt ein schwarzes und silbernes Trikot, das gut zu den Schattierungen der Schlangenhaut paßt.

»Arme Isabella«, sagt er traurig.

Und ein Kind beugt sich vor, um besser sehen zu können. Es hält noch immer eine Tüte mit Erdnüssen in der molligen Hand.

Die Kleine ruft so laut, daß sie das aufgeregte Gegacker der Zuschauermassen übertönt.

In freudigem Entsetzen ruft sie: »Seht doch! Seht euch das Ungeheuer an!«

Shere Khans Gesang

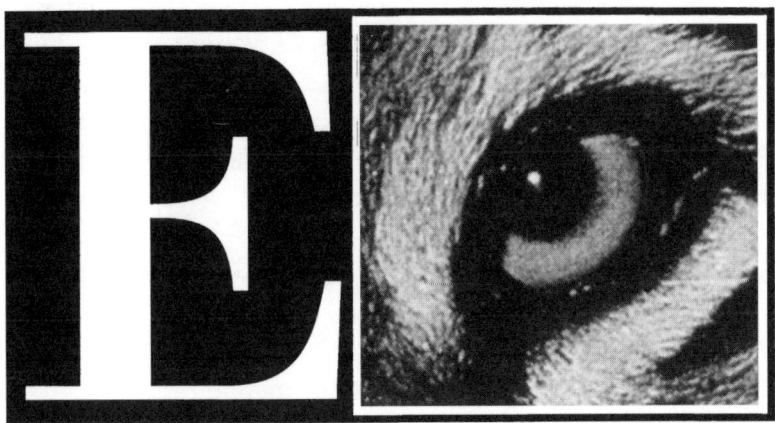

Er kommt aus einem ganz anderen Land, aus einer Welt voller kräftiger Düfte und stockfinsterer Nächte.
In diesen Nächten ging er auf die Jagd, und im Blattwerk duftete und raschelte es.
An das alles kann er sich kaum noch erinnern.

Einzelne Erinnerungen hat er aber doch noch, zusammenhanglose Bruchstücke. Immer wieder holt er sie hervor, schließlich hat er nichts anderes zu tun. Er liegt mit halbgeschlossenen Augen da und versucht, in sich hineinzusehen, auf die Reste einer Welt.
Er ahnt, daß es noch eine andere Welt geben muß als den Zoo.
Er ahnt es, weil er Erinnerungen hat, und weil er es in Blut und Knochen spürt.
Eine wunderbare Welt, die sich großzügig in alle Richtungen erstreckt und der sich Schnurrhaare, Blicke und Nasenlöcher öffnen.

Dort gab es Eßtiere.

Er weiß nicht mehr richtig, wie sie ausgesehen haben, aber er erinnert sich noch deutlich an das Gefühl, die Zähne in die saftigen Leiber zu schlagen, nachdem er sie gerissen hatte. Manchmal liefen die Eßtiere ihm weg. Aber wenn er sie dann zu fassen bekam, biß er ihnen rasch die Kehle durch, und sie hörten auf zu atmen, und danach konnte er sie essen.

Um ihn herum waren die warme Dunkelheit und die winzigen Lichtfunken, die nicht störten.

Hier ist es anders. Hier gibt es große, häßliche Lichter, die die Dunkelheit zerreißen.

Die Tage sind seltsam, farblos.

Die Tage in der anderen Welt waren immer heiß. Wenn es regnete, dann strahlte die Wirklichkeit auf, trank und erblühte in prachtvollen Farben. Und wenn die Sonne schien, lag er auf dem Rücken und badete seinen Bauch in ihrem Geflimmer.

Er erinnert sich an warmen Wind an seinen Ohren. Er erinnert sich an das Gefühl, wenn sich der Körper streckt und dehnt und die Pfoten auf den Boden auftreffen und alles vorübersaust und verschwunden ist.

Ja, er erinnert sich daran, wie es war, unter dem Himmel zu laufen.

Sie nennen ihn Shere Khan.

Er weiß nicht, wie er hergekommen ist. Von selber hätte er das niemals gemacht.

Sie haben Waffen benutzt, das hat er immerhin gemerkt, etwas, das rauchte und knallte und kein Teil ihrer selbst war. Später konnte er dann lange nichts sehen und sich fast nicht rühren, er bemerkte nur widerlichen Gestank und hörte ein fernes, gleichmäßiges Hämmern. Durch ein Loch wurden

Fleischstücke hinab in seine Finsternis geworfen, während er weggebracht wurde.

Er weiß noch, daß er schrie, wenn er die Kraft dazu hatte.

Später wurde es hell, und er war im Zoo.

Und da ist er noch. Er ist schon sehr, sehr lange hier.

Er hat keine anderen Tiger zur Gesellschaft. Vor ihm ist ein Gitter, neben und hinter ihm die Wände. Unter ihm der Boden, über ihm das Dach.

Anfangs hat er den Ausgang gesucht. Es hat einige Zeit gedauert, bis er begriff, wirklich begriff, daß es keinen Ausgang gibt, daß er wirklich eingesperrt ist.

Niemals sieht er den Mond.

Er kann im Käfig hin und her laufen. Aber da hat er auch nicht viel Platz.

Sie bringen ihm jeden Tag sein Essen. Es ist nicht verfault, und meistens wird er satt davon. Wenn er nichts ißt, versuchen sie, ihn zu zwingen. Sie füttern ihn wie ein krankes Junges, ein sterbendes Tier, nicht wie einen starken Tiger, der selber auf Jagd gehen kann.

Und nichts wünscht er sich mehr, als wieder jagen zu dürfen.

Es ist kalt.

In der schlimmsten Jahreszeit kommt manchmal der Wärter, Lester, mit einer Decke und einem Dings, das qualmt und heißen Wind abgibt. Dennoch ist Shere Khan oft elend vor Kälte, und die Kälte verschwindet erst, wenn wieder eine Art Frühling ist.

Der Frühling ist ein bißchen besser, aber voll von blassen Tagen und scharfen Winden. Wenn Regentropfen in den Käfig geweht werden, sind sie so kalt, daß seine Schnauze davon schmerzt.

Selbst im Sommer scheint die Sonne viel zu selten. Doch auch wenn sie sich sehen läßt und nicht hinter Dunst versteckt, ist sie seltsam weit weg. Die Wirklichkeit scheint hier aus den Fugen geraten zu sein, und Shere Khan kann sich nicht daran gewöhnen.

Die fruchtbaren Dschungeldüfte sind verschwunden. Hier riecht es nur nach Menschen und nach Maschinen. Selbst die Sterne, die in den eiskalten Winternächten am Himmel hängen, sehen anders aus.

Er beherrscht sich, so gut er kann. Nur selten jammert er so laut, daß Lester oder die anderen Wärter es hören können.

Meistens liegt er einfach da und schaut durch die Gitter. Er liegt ziemlich ruhig da, unabhängig davon, ob es ihm schlechtgeht oder er einigermaßen gesund ist.

Ganz gesund ist er nämlich nie. Nicht so wie früher. Immer tut ihm etwas weh, reißt, bohrt und schmerzt. Wie er auch liegt, es tut weh, so oder so.

Manchmal muß er aufstehen und die Beine ausstrecken, damit sie nicht steif werden. Aber er erhebt sich lässig, scheinbar gleichgültig, und er bewegt sich würdevoll. Er versucht, die Menschen nicht anzusehen, obwohl es in allen Ecken von ihnen wimmelt.

Zu Anfang war das anders. Damals geriet er immer wieder in Panik. Er sprang hoch, bis er mit dem Rücken gegen die Decke stieß, und brüllte schrecklich, brüllte aus Leibeskräften.

Die Menschen hörten sich das an, als ob sie es für Gesang hielten.

Manchmal vertreibt er sich die Zeit damit, den Affen im Nachbarkäfig zuzusehen.

Sie erinnern ihn an den Dschungel. Sie erinnern ihn an die Wirklichkeit.

Denn in seinem Dschungel gab es solche Affen. Sie johlten und lärmten. Sie schaukelten über ihm in den Bäumen.
Vielleicht würde er sich nicht mehr so gut daran erinnern, wenn nicht diese Affen hier im Zoo wären. Sie erinnern ihn daran, und deshalb sieht er die Dschungelaffen viel deutlicher vor sich. Er erinnert sich klarer an sie als an die Beutetiere.
Obwohl die Affen damals für ihn nicht weiter wichtig waren. Jetzt sind sie das.

Die Affen sind nicht stolz oder würdevoll. Nicht so wie Shere Khan.
Die Affen schaffen es nur selten, sich zusammenzureißen, obwohl die meisten von ihnen schon lange hier sind. Ja, einige sind sogar hier geboren.
Wenn Menschen zum Affenkäfig kommen, dann plappern und quatschen die Affen, oder sie führen kleine Kunststücke vor. So sind die Affen – sie brauchen die ganze Zeit Aufmunterung, Kontakt und Unterhaltung. Außerdem bekommen sie Nüsse von den Zuschauern.
Selbst der riesige, runzlige Elefant spielt mit und stellt sich für die Menschen jämmerlich zur Schau, steht auf zwei Beinen.
Shere Khan tut so etwas nie. Und das scheint auch nicht von ihm erwartet zu werden. Die Leute glotzen einfach nur, und sie kommen nie ganz dicht an den Käfig heran.

Wenn keine Menschen in der Nähe sind, dann geben die Affen deutlich zu verstehen, daß sie sich langweilen. Sie drängen sich aneinander oder verkriechen sich unter dem dürren Baumstamm in ihrem Käfig.
Ab und zu schluchzen sie und schlagen die Hände vors Gesicht, oder sie streicheln sich gegenseitig.

Shere Khan wendet sich dann ab. So was beglotzt man nun mal nicht. Und er ist ganz allein.

Ab und zu muß er sich gewaltig zusammenreißen.
Der Drang zu jagen kann wie Feuer in den Knochen brennen. Da kann er soviel frisches Fleisch verschlingen, wie er will. Er frißt, bis ihm schlecht wird, aber das Jagdfieber will sich nicht legen.
Oft schreit in der Nähe ein Vogel, aber er kann ihn nicht sehen. Nur die Menschen wimmeln die ganze Zeit vorüber. Sie sind nicht eingesperrt. Sie schlendern umher, und sie schleppen ihre Maschinen mit sich herum.
Aber vielleicht wäre es noch schlimmer, andere Tiger zu sehen, wenn er nicht mit ihnen zusammensein könnte. So geht es ihm jedenfalls mit den zottigen Beutetieren, die sich in einem Käfig gegenüber aneinanderdrängen. Shere Khan weiß nicht so recht, was sie für Geschöpfe sind, er kann sich nicht erinnern, sie früher schon gesehen zu haben. Aus dem Dschungel kommen sie wohl nicht, aber er kann riechen, daß sie eßbar sind, und oft ist er wütend, weil er sie nicht jagen kann. Dann fletscht er die Zähne und brüllt eine Weile, und die zottigen Tiere fahren zusammen, obwohl sie wissen, daß er eingesperrt und hilflos ist.
Danach ist ihm dann schlecht. Er dreht sich zur Wand und schließt die Augen. Es wäre besser, wenn die Beutetiere nicht da wären und er sie nicht sehen und riechen müßte.

Er nagt an den Gitterstäben, aber davon tun seine Zähne weh. Nachts tobt er manchmal herum. Dann kann ihn außer dem Nachtwächter kein Mensch hören.
Manchmal ist Shere Khan auch entsetzlich müde und schlapp. Und da kommt es ihm irgendwie richtig vor, daß er mit den Pfoten unter dem Kinn ganz still auf dem Käfigboden

liegt. Dann scheint alles in ihm und um ihn zu verschwimmen, und er sieht doppelt.

Wenn Lester ihm Essen bringt, macht er manchmal auch den Käfig sauber. Und wenn er Zeit genug hat, dann redet er dabei mit Shere Khan.
Und der versteht manchmal ein bißchen davon. Seinen Namen und andere Kleinigkeiten. Lesters Stimme kann freundlich sein, aber auch tonlos. Manchmal klingt sie auch gereizt. Aber Shere Khan interessiert das nicht so besonders.
Die Affen interessieren sich sehr für Lester. Wenn er sie im Käfig besucht, johlen sie vor Freude. Sie kämpfen darum, wer ihn umarmen darf. Lester und die Affen jubeln und geben sich gegenseitig Zeichen, die Shere Khan fremd erscheinen. Lester gibt den Affen Brot und Nüsse und Dinge, die rasseln, wenn sie geschüttelt werden, und die Affen schreien vor Begeisterung und tanzen um den Baumstamm herum und klettern an ihrem Gitter hoch. Und dann scheint alles in Ordnung zu sein, aber das dauert nur, bis der Boden des Affenkäfigs fertiggeputzt ist.

Anfangs wollte Shere Khan immer wieder Lesters Hals zerbeißen und seinen Körper so lange schütteln, bis er ganz verstummt wäre.
Und das wollte er auch mit den Menschen machen, die vor dem Käfig standen und ihn anglotzten. Shere Khan konnte das nicht ertragen, wo er doch selber nicht nach draußen durfte. Sie hätten sich fürchten und weglaufen müssen, wenn er brüllte, oder die Tür für ihn aufmachen. Statt dessen standen sie den ganzen Tag da, eine Riesenherde, und lutschten an ihrem klebrigen Kram. Manchmal bewarfen Kinder ihn mit Steinen, weil er noch lauter brüllen sollte, und einmal stach ein Erwachsener ihn durch das Gitter mit einem Stöckchen.

Damals hat Lester ihn oft gepeitscht. Aber später reichte es dann, wenn er mit der Peitsche knallte, dann begriff Shere Khan schon, was das bedeutete. Und am Ende brauchte Lester die Peitsche überhaupt nicht mehr, denn Shere Khan erinnerte sich an alles, sowie er nur die Stimme seines Wärters hörte.

Jetzt hat Shere Khan keine Lust mehr, die Menschen zu beißen.

Er würde sie ja sowieso nicht aufessen. Sie stinken, und er ist fast immer satt. Also würde er sie nicht essen. Aber er würde sie umbringen und dann fliehen.

Er weiß jetzt, daß das nicht geht, er kann nicht fliehen. Er weiß es jetzt, in Blut und Knochen, daß für ihn kein Weg aus dem Zoo führt. Die Menschen sind überall, in Gruppen und Rudeln. Sie haben Waffen, und sie lassen Schlösser klicken. Wenn ein Mensch verletzt oder getötet würde, dann würde sofort eine Meute von anderen herbeistürmen.

Und Shere Khan wird auch langsam alt. Er ist müde und fühlt sich verwirrt. Die Menschenstimmen haben so harte Kanten, sie erinnern ihn an Peitschenknallen.

Eines Tages hat er einen Anfall. Er büßt seine Würde ein und brüllt ziemlich lange.

Die Leute ziehen sich von seinem Käfig zurück. Aber sie gehen nicht weg, sie weichen nur aus. Sie wissen, daß er ihnen nichts tun kann, daß das gräßliche Tigergebrüll nichts bedeutet.

Und es kommen sogar noch neue Menschen dazu, gerade weil er sich so aufführt. Sie finden es spannend, ihn so zu sehen.

Bald ist auch Lester da, mit einem scheußlichen Stock in der Hand. Er tritt dicht an das Gitter heran, mustert Shere Khan mit strengem Blick und spricht mit seiner harten Peitschenstimme. Er sagt: »Shere Khan!« und »Pfui!« und »Sei still!« Und die anderen bleiben stehen und starren den Tiger an, als ob sie glaubten, er singe für sie.

Am Ende ist Shere Khan erschöpft. Er legt sich wieder hin, und gleich darauf friert er ganz schrecklich. Er bebt am ganzen Körper.
Lester bringt die Decke. Er schweigt. Einen Moment lang legt er Shere Khan die Hand auf den Kopf, aber Shere Khan rührt sich nicht. Wieder verschwimmt alles in ihm und um ihn, er sieht doppelt und merkt fast nicht, daß ein Mensch da ist, daß der Mensch ihn anfaßt.
Die Affen sitzen ganz still auf ihrem Baumstamm. Sie scheinen Angst zu haben. Sie schielen zu Shere Khan herüber und schnattern leise untereinander. Zwei von ihnen halten sich an den Händen.

In Shere Khans altem Kopf gibt es Bilder. Er erinnert sich an die Affen, die vor langer Zeit in den Baumkronen geplappert haben, hoch über seinem Kopf, der jetzt benebelt ist und schrecklich weh tut.
Er weiß noch, daß ihm einmal so ein Affe auf den Rücken gefallen ist, wie ein Stück Fallobst. Und er sah sich rasch um, sah sich um und knurrte halbherzig, wie man das bei einem Affen eben macht.
Verängstigt sprang der Affe davon, und Shere Khan schritt weiter durch das Unterholz. Er konnte hören, wie der Affe irgendwo in den Schatten wild auf seine Kameraden einredete.

Er hätte den Affen vielleicht nicht zu verjagen brauchen. Er hat keine klaren Vorstellungen, nur eine prickelnde Unruhe in Blut und Knochen. Wenn dasselbe jetzt passierte, dem Shere Khan, der für die Menschen gesungen hat, dann würde er den Affen wohl nicht anknurren.

Er würde ihn dort sitzen lassen und ihn auf seinem starken, flammenfarbenen Rücken durch den Dschungel tragen, wenn der Affe das wollte. Der Affe war so leicht, wie eine reife Frucht oder eine Blütendolde. Er hätte sich mit eifrigen Fingerchen festhalten und auf Affenart drauflosplappern können.

Aber nach einer Weile würde er den Affen natürlich abschütteln müssen. Wenn sie die offene Ebene erreichten, wo schnellfüßige Tiere mit Hörnern sich in der Dämmerung um ihre Wasserstellen sammeln. Dann muß ein Tiger immer allein sein. Muß im Gegenwind im Gras liegen, mit gesenktem Kopf und heiß pochendem Blut, in der Zeit zwischen dem Sonnenschein und der schönen warmen Dunkelheit.

Jetzt ahnt Shere Khan, daß die Affen durchaus nicht seine Feinde sind. Jetzt weiß er mehr darüber, was Freundschaft ist. Er ahnt auch, daß er nicht der Feind der Beutetiere ist. Er fängt die Schwachen, wenn ihm nichts anderes übrigbleibt, er beißt zu, und alles ist vorbei. Er holt die ein, die nicht schnell genug laufen, und dann stehen sie sich gegenüber. Aber vielleicht ist das keine wirkliche Feindschaft.

Dennoch haben die zottigen Geschöpfe im Käfig vor Shere Khan mehr Angst als vor den Menschen. Wenn Lester kommt, halten sie ihm ihre feuchten, zitternden Schnauzen entgegen. Wenn Shere Khan den Kopf hebt, pressen sie sich verängstigt an die Wand.

Aber der große Feind kann die ganze Welt wegnehmen. Der große Feind kann Dschungel und Mond übermalen und etwas anderes an ihre Stelle setzen, etwas, das verzerrt ist und stinkt. Der große Feind kann Kälte, Jammer und Schmerz verbreiten. Er baut Gitterwände und bringt Essen in einem Napf, und es nimmt nie ein Ende.

Shere Khans alter Kopf ist voll von Bildern. Immer mehr Bilder sieht er jetzt, und immer klarer.

Er ist schläfrig, aber er erinnert sich an die Papageien, dicht an dicht auf den Zweigen, bis jeder Baum aussah wie eine träge Flamme.

Er ist der einzige Tiger, von dem er weiß. Der Rest sind Erinnerungen, vielleicht nur ein Traum. Die Wirklichkeit, wo Affen aus Baumwipfeln fallen wie reife Früchte, wo in der Dämmerung viele Tiger brüllen, wo das Gras bis über seine Ohren wächst und der Mond am Himmel leuchtet – die gibt es nur noch in Shere Khans Kopf.

Vielleicht ist er gar kein Tiger mehr, sondern eine Geschichte, die die Menschen erzählt haben, ein Bild an der Wand, auf die Gitter ihre Schatten werfen.

Sie sagen: »Shere Khan.«

Sie sagen: »Sei still.«

Und trotzdem horchen sie auf, wenn er singt, wenn Herz und Lunge wachsen und die Brust unter dem matten Fell zum Bersten bringen wollen.

Er weiß, daß er nie mehr unter den Bäumen mit Blüten und Früchten und herunterfallenden Affen schlafen wird. Die bohrende Hoffnung in Blut und Knochen ist nun erloschen. Er wird nie mehr seinen Bauch im Sonnenschein baden, wird nie mehr unter freiem Himmel auf die Jagd gehen dürfen.

Sie füttern ihn wie einen Sterbenden. Und vielleicht ist er das ja auch. Ein sterbendes Bild, auf das die Gitter ihre Schatten werfen, eine zerbrechliche Hülle um die vielen Bilder aus einer verlorenen Welt.

Der rote Schnee

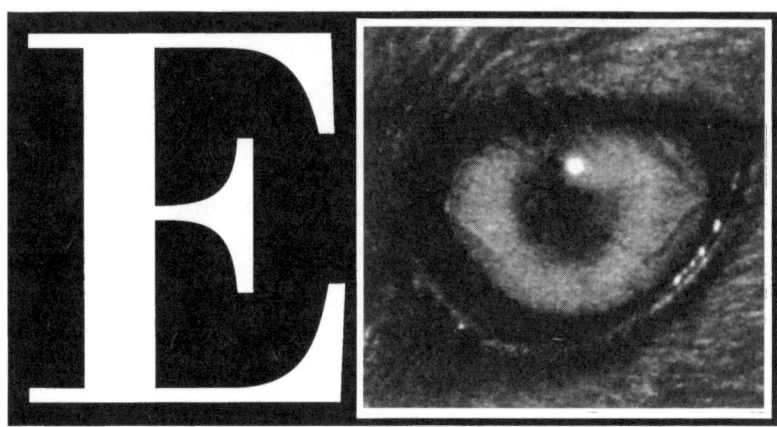

Es war jetzt bitter kalt, und die Tage waren kurz.
Manchmal sah sie oben am schwarzen Nachthimmel funkelnde Lichter, und die Eulen riefen in den Bäumen.
Überall lag Schnee. Sie konnte sich nur noch vage daran erinnern, daß das Leben einmal anders ausgesehen hatte. Aber die Erinnerung half ihr, nicht den Mut zu verlieren. Der kleine Sonnenflecken, der jetzt über der Winterlandschaft leuchtete, war einmal wohlig warm gewesen und hatte auf starke, wechselnde Farben geschienen, auf denen viele Mäuse umhergerannt waren.

Jetzt rutschte sie über Eisbuckel und kämpfte sich durch hohe Schneewehen.
Sie schlief unruhig, und manchmal heulte sie in den langen, langen Nächten vor Hunger. Und kaum waren diese Nächte vorüber, da setzte die Dämmerung auch schon wieder ein.
Aber manchmal bekam sie dann Antwort von ihresgleichen.

Ein trauriges Geheul, das trotzdem ein Trost war. Oder sie fand eine tote Maus. Und dann ging das Leben weiter.

Sie ahnte ja, daß es wieder warm werden, daß sich alles ändern würde.

Die Sonne würde wachsen, und die Welt würde wieder behaglich werden, und dann könnte sie sich satt essen, spielen und sich im Heidekraut wälzen.

Sie hatte es schon oft erlebt, daß die Freude wiederkehrte. Früher oder später stellte sie sich immer ein. Die Freude, mit langen Tagen und hellen Nächten und den Wiesen zum Herumtollen. Mit Blumen und neuen Jungen im Bau und dicken Vögeln, die im Gebüsch umherflatterten, mit fließendem Wasser überall. Der Sommer.

So anders, als am Eis zu lecken!

Die kleine Füchsin war mager und hatte nur noch ein schütteres Fell.

Aber sie mußte nicht zum ersten Mal einen harten Winter überleben. Sie winselte ab und zu, gab jedoch nicht auf. Ihr Körper schmerzte vor Sehnsucht und Spannung, und sie hielt Ausschau nach Anzeichen dafür, daß der Frühling wieder näher rückte, aber der schien noch in weiter Ferne zu sein. Die Sonne über den Hügeln war so schwach, und der Himmel verschwand hinter Nebeln und dicken, formlosen Wolken.

Und an einem dieser klirrend kalten Tage passierte etwas, was sie einfach nicht begreifen konnte.

Etwas, das sie noch nie erlebt hatte, so daß sie nicht wußte, wie sie damit umgehen sollte.

Sie war unterwegs zu einem Gebüsch, in dem sich vielleicht ein oder zwei Hasen versteckten.

Schnell und lautlos sprang sie über die hohe Schneewehe, die sie von der toten Föhre trennte, und landete auf der anderen Seite. Das war eigentlich nichts Unnormales. Sie hatte kein Gefahrensignal wahrgenommen. Sie nahm Anlauf und sprang, sie war in der Luft, und sie spreizte die Beine, um mit dem Vorderkörper zuerst zu landen. Unter ihr befand sich der hohe Schnee, und alles roch so, wie es sollte.
Aber dann schien plötzlich die Welt zu zerplatzen, ganz ohne Vorwarnung.

Die Eindrücke hagelten nur so auf sie ein. Sie wußte nicht, was zuerst geschah oder ob alles auf einmal passierte.
Es tat weh. Sie taten grausam und brennend weh, diese Sternschnuppen am Winterhimmel.
Die Beine unter ihr waren verschwunden, schienen gar nicht mehr dazusein. Sie hatte nicht das Gefühl zu landen, sondern kam sich wie ein von unsichtbaren Raubtieren geschütteltes Beutestück vor.
Vor ihren Augen wurde alles ganz seltsam dunkel, und die schneebeladenen Bäume drehten sich um sie.
Und dann hörte sie etwas. Eine Art Knall und splitternde Knochen.

Ihr Körper zuckte zweimal. Danach blieb sie der Länge nach liegen.
Sie wußte nicht, was passiert war. Sie versuchte, sich zusammenzureißen, aber ihr Herz hämmerte so sehr, und Nacken und Pfoten zitterten und zuckten. Sie begriff immerhin, daß sie verletzt war, aber nicht, wie das hatte passieren können. Was hatte sie bloß angegriffen?
Sie roch nichts und sah nichts. Der Knall tauchte in ihrer Erinnerung auf wie ein kaltes, fremdes Echo, aber sie begriff einfach nicht, was er zu bedeuten hatte.

Sie winselte.

Sie spürte noch immer diesen Schmerz, einen pochenden, schlimmen Schmerz. Sie spürte, daß er sich auf eines ihrer Hinterbeine konzentrierte.

Mühselig versuchte sie, auf die Beine zu kommen. Aber sie war es nicht gewohnt, auf drei Beinen zu stehen, und mit dem vierten konnte sie einfach nicht auftreten. Und sie merkte, wie schwach sie plötzlich am ganzen Körper geworden war, wie sie um Atem rang und zitterte. Die Schmerzen wurden wieder stärker, wenn sie sich bewegte. Es tat so weh, daß sie hemmungslos aufjammerte. Noch nie hatte etwas sie so grausam gequält.

Sie kippte wieder um und blieb keuchend eine Weile liegen. Blut strömte aus ihrem Hinterbein. Schon hatte sich im Schnee ein dunkles Loch gebildet, und überall dort, wo sie versucht hatte, auf die Beine zu kommen, sah sie rote Blutflecken. Sie hing fest. In einem scharfen, harten Ding, das in ihren Fuß biß und klirrte und klapperte, wenn sie sich bewegte. Sie sah es an, aber das half nichts, denn dieses Bild war unbegreiflich.

Vorsichtig drehte sie sich um und untersuchte das Ding, so gut sie das konnte. Sie schnupperte daran und versuchte, ihr Hinterbein mit den Zähnen zu befreien.

Ihr Herz hämmerte noch immer wie wild, denn die Schmerzen waren fast unerträglich.

Sie wußte nur, daß sie ihren Fuß von diesem schrecklichen, unbekannten Ding befreien mußte, damit sie die Wunde lecken und pflegen und sich ausruhen und wieder gesund werden konnte. Und das mußte so vor sich gehen: Zuerst mußte sie das Ding entfernen, dann lecken, dann schlafen. Der beißende Schmerz war unerträglich, er durfte einfach nicht sein. Sie mußte den Fuß befreien, und zwar sofort.

Sie kratzte mit den Zähnen über die glatte, blanke Fläche. Sie kratzte und winselte und biß, und ihr Blut färbte den Schnee dunkelrot.

Das Ding hing fest.
Die Zähne konnten ihr nicht helfen. Es war einfach unmöglich, dieses Ding loszuwerden. Jetzt bluteten auch ihre Kiefer, aber die ganze Mühe war vergeblich.
Ihr wurde schwindlig. Sie mußte eine Pause einlegen, obwohl ihre ohnmächtige Angst ihr fast die Brust zerriß. Ihr war schlecht, als sie zitternd wieder im Schnee lag, und der Schmerz fraß weiter an ihr.

Die Dämmerung setzte ein.
Die Kälte machte ihr jetzt mehr zu schaffen. In allen Drüsen brodelten die Warnungen vor der Gefahr.
Aber so müde und elend sie auch war, sie konnte hier nicht schlafen, das wußte sie. Es wäre gefährlich, jetzt zu schlafen. Sie mußte Wache halten. Sie war fast wehrlos, aber sie mußte auf jeden Fall wach bleiben. Luchse oder noch schlimmere Feinde könnten auftauchen. Und die nächtliche Kälte setzte bereits ein.

Und dann überkam sie wilde Panik.
Sie rappelte sich auf, bis sie halb saß und halb stand. Wütend schüttelte sie dieses grauenhafte, tote Ding, das sie gefangen hatte und sie nun demütigte und über das ihre Drüsen ihr nichts sagen konnten.
Der Schmerz riß und brannte und wurde wirklich unerträglich, als sie mit dem Schütteln anfing, aber trotzdem machte sie lange so weiter. Mit leisem Wimmern und Keuchen riß sie an dem Ding. Dabei hatte sie jedesmal das Gefühl, ihr Fuß werde langsam zerrieben.

Aber losmachen konnte sie sich nicht.

Sie sank in sich zusammen und schrie in hilfloser Wut, und öde Felsen warfen ihr Geheul zu ihr zurück.

Ihr Körper wollte einfach nicht sterben, er sagte nichts davon, daß es an der Zeit sei. Ganz im Gegenteil, er brüllte nein, er wollte noch bis zum Sommer leben.

Es ging auf den Abend zu. Ihr Kopf lag auf den vom Frost gepeinigten Pfoten, und rote Flecken tanzten vor ihren Augen. Sie beschloß, es mit Kriechen zu versuchen. Vielleicht wäre es möglich, das Ding durch den Schnee zu schleppen, obwohl es ziemlich schwer zu sein schien. Wenn sie es in ihren Bau schaffen könnte, dann müßte sie zumindest nicht mehr frieren, auch wenn ihr Fuß dann immer noch gefangen wäre. Vielleicht könnte sie dann immerhin ein bißchen schlafen.

Aber das Ding war nicht zu bewegen. Sie konnte nur ein winziges Stück kriechen, mehr erlaubte es nicht.

Verwirrt sah sie sich um, zerrte und zog, aber das alles half nichts.

Sie winselte wütend und kroch wieder zurück, um sich alles noch einmal anzusehen, und nun sah sie, daß das Ding nicht nur an ihrem Hinterbein festsaß, sondern auch an einem Baum. Sie konnte zerren, soviel sie wollte, es half alles nichts. Sie war an den Baum mit dem dicken, mächtigen Stamm angebunden. Und es gab keine Möglichkeit zu entkommen.

Hier, nur hier, mußte sie sein und bleiben.

Wieder überkam sie die Panik.

Sie zerrte und schrie und schleuderte ihren Kopf hin und her. Es tat so weh, daß sie nicht mehr deutlich sehen oder hören konnte, und nach einer Weile war sie so erschöpft, daß sie in den blutigen Schnee kippte und lange Zeit von nichts mehr wußte.

Als sie erwachte, war es stockdunkle Nacht. Die Morgendämmerung rückte näher. Ihr Körper war steif und durchgefroren, und ihr Kopf kam ihr sehr schwer vor.

Zuerst begriff sie nicht. Sie war benebelt und krank, und sie lag hier draußen im Schnee, mitten in der Nacht. Was hatte das alles zu bedeuten? Wo waren die sicheren Wände ihres Baus? Der Hunger riß an ihren Eingeweiden, sie hatte wirklich sehr lange nichts mehr gegessen.

Sie versuchte, auf die Beine zu kommen, und der plötzliche Schmerz im Hinterbein riß sie in die Wirklichkeit zurück. Die Wunde tat jetzt schrecklich weh, der Fuß war dick geschwollen. Sie schrie auf, Verzweiflung überkam sie, ließ Gelenke und Muskeln schwach werden.

Mutlos sank sie in sich zusammen und wartete auf die Dämmerung. Vielleicht würde dann alles anders aussehen. Sie wagte nicht mehr, an dem Ding zu reißen, der Schmerz gewann die Überhand, lähmte sie.

Es war still im Wald. Nur aus der Ferne hörte sie das ununterbrochene Geheul eines Nagetiers. Sie hatte solches Geheul schon früher gehört und nicht begriffen, aber jetzt fing sie an, es zu verstehen.

Mit dem Tageslicht kam der Durst.

Sie schlang Schnee hinunter, und nach einer Weile war wieder der Hunger das Schlimmste.

Hasen sprangen sorglos vor ihrer Schnauze vorbei, sie begriffen rasch, wie hilflos sie war, so, wie sie hier frierend in ihrem eigenen Blut lag.

Der kurze Tag ging bald zur Neige.

Ab und zu brachten Angst und Hunger sie für einen Moment auf die Beine, aber sie hatte fast keine Kräfte mehr und sackte bald wieder in sich zusammen.

Hin und wieder biß sie wütend in das feindliche Ding, aber ihre Zähne hinterließen darin nicht einmal Spuren. Sie nagte und riß, sie knurrte es auch an, aber es achtete nicht auf sie.

Gegen Abend schlief sie wieder ein.
Als sie später in der Nacht in der Dunkelheit erwachte, war alles ganz anders. Die Geräusche dehnten sich und zitterten, die Dunkelheit hatte Farben. Sie wollte aufstehen, aber der Boden kam ihr entgegen und traf sie an der Schnauze.
Auch die Schmerzen waren jetzt anders, weniger schneidend. Jetzt pochte die Wunde nur noch gleichmäßig, und sie konnte an andere Dinge denken.
Sie dachte an den Sommer. Sie glaubte, Blumenduft zu riechen und Fuchsjunge munter quietschen zu hören. Vogelfleisch klebte an ihrem Gaumen, und die Sonne strahlte von einem nebellosen Himmel.
Ja, überall strahlte die Sonne, überall war es warm, sie spürte die Wärme an ihrem Körper und in sich. Es war so heiß, daß ihre Augen brannten. Wenn ihr zu heiß wurde, füllte sie ihren Mund mit dem Weißen, in dem sie lag, und dann schlief sie wieder ein.

In der Dämmerung hatte sie einige klare Momente.
Das Fieber wütete in ihr, aber sie konnte sich jetzt wieder an das Ding erinnern, und sie zerrte ein wenig an ihrem Fuß.
Jammernd krümmte sie sich zusammen und versuchte, die Welt zu vergessen, die von grausamen Schmerzen und nicht enden wollender Angst und von Hunger restlos zerstört war.
Sie zitterte so sehr, daß ihre Glieder zuckten wie im Krampf, und ab und zu strömten Blut und Eiter aus ihrem Fuß. Über ihr war der Himmel, düster, grauweiß, ohne Sonne. Sie blickte kurz zu ihm auf, mit einem erstickten kleinen Laut, der nicht einmal für sie selber etwas bedeutete und den niemand hörte.

Und dann kam der Mensch.

Sie hatte schon andere Menschen gesehen, aus der Entfernung, wenn sie sich ihren Wohngebieten genähert hatte. Sie ahnte, daß sie sich vor den Menschen sorgfältig hüten mußte. Die Menschen waren groß und gewaltig und rochen seltsam. Sie erinnerte sich, daß zwei Menschen einmal durch den Wald gekommen waren, und sie hatten dabei einen entsetzlichen Lärm gemacht. Sie war Hals über Kopf geflohen, ohne auch nur einen einzigen Moment innezuhalten und sich umzusehen.

Aber jetzt konnte sie nicht davonlaufen.

Und die Angst war inzwischen eher vage und schlapp geworden, so wie die Schmerzen.

Sie versuchte nicht einmal aufzustehen, als der Mensch kam. Sie schleppte sich nur ein winziges Stückchen rückwärts, dann wurde ihr schlecht, und sie konnte nicht weiter.

Jetzt stand der Mensch neben ihr.

Er bückte sich über sie. Sie hatte noch nie etwas so Seltsames gesehen.

Aber dann spürte sie an seinem Geruch doch etwas, das sie kannte. Sie erkannte nicht den ganzen Geruch, sondern nur kleine Bruchstücke daraus. Sie schnupperte unsicher. War das denn wirklich ein Feind?

Der Mensch hatte Augen, die voll in ihre schauten.

Und irgendwo tief in der gequälten Tierseele lebte noch immer der Wunsch zu überleben, frei zu sein und noch einmal den Sommer zu sehen. Sie kämpfte träge, und dann fuhr sie auf. Sie glaubte, einen letzten Ausweg zu sehen, eine verzweifelte Hoffnung: Vielleicht würde der Mensch ihr helfen?

Er blickte ihr doch ruhig in die Augen, schien alles zu verstehen, und danach packte er das harte Ding, dieses Schreckliche, das ihr die Welt unter den Füßen weggerissen hatte.

Er machte auch Geräusche für sie – oder vielleicht für sich selber.

Nein, er redete wohl doch nur mit sich.

Gleich darauf hatte der Mensch ein hartes Ding in der Hand. Er hob es über ihren Kopf, und das letzte, was sie sah, war der rote Schnee.

Die Sprünge

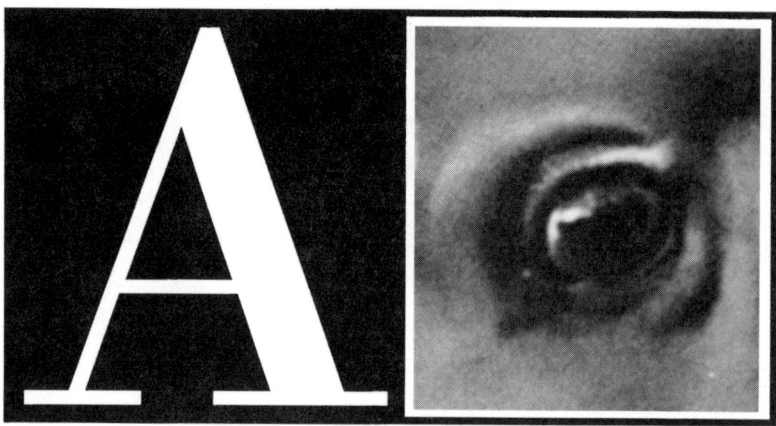

Als kleines Fohlen wurde sie oft gelobt.
Die Menschen kümmerten sich um sie, reichten ihr Äpfel und streichelten ihr das Maul. Sie fanden sie schön, brav und sogar tüchtig, obwohl sie selten irgend etwas leistete.
»Tüchtiges Mädchen, Sansibar.«

Sie ging zusammen mit ihrer Mutter auf die Weide. Sie sprang am Zaun entlang und graste am Bach.
Zu dieser Zeit sah sie die Menschen nicht oft. Aber wenn sie auftauchten, dann sagten sie, wie schön sie sei, sie streichelten und liebkosten sie und prahlten mir ihr. Sie hatte das Gefühl, geliebt und bewundert zu werden.

Als sie größer wurde, fing das Training an.
Sie preßten ihr die Kandare in den Mund und stülpten ihr das Kopfgestell über die Ohren. Sie brauchte ihre Zeit, um sich einigermaßen daran zu gewöhnen. Anfangs bluteten ihre

Mundwinkel, aber das hörte nach einer Weile auf. Die schlimmste Übelkeit und das Gefühl, erwürgt zu werden, legten sich ebenfalls. Aber wohl fühlte sie sich nie, wenn sie das Kopfgestell brachten, und sie warf immer wieder den Kopf in den Nacken, um sich von diesem quälenden Ding zu befreien, obwohl sie wußte, daß das nicht möglich war.

Auf ihren Rücken legten sie den Sattel. Der scheuerte. Ein Mann namens Luke stieg in den Sattel, und er benutzte die Peitsche. Sansibar hatte durchaus nicht mehr das Gefühl, geliebt zu werden.

Luke war nicht der Typ, der sie hübsch und fein nannte. Die netten Menschen sah sie überhaupt kaum noch. Jetzt hatte sie es von früh bis spät mit Luke zu tun. Er bohrte ihr seine scharfen Sporen in die Flanken und knallte mit der Peitsche.

Zuerst geriet sie natürlich in Panik, wenn ihr dieses Wesen auf dem Rücken hing. Aber nach und nach wich die Panik dem Überdruß.

Als Luke ihr seine Macht aufgezwungen hatte, fingen sie mit den Hindernissen an.

Zuerst waren es kleine, später größere. Wenn sie die schwierigsten schaffte, bekam sie manchmal eine kleine eßbare Belohnung, was natürlich eine willkommene Abwechslung bedeutete. Aber Luke streichelte sie nie. Es kam vor, daß er ihr Möhren hinwarf. Wenn er mit Reiten fertig war, reichte er sie an den Stallburschen weiter.

Eines Tages war Luke unaufmerksam, und sie konnte ihn abwerfen.

Im Rausch der Freiheit galoppierte sie mit wehenden Zügeln davon, und der verhaßte Sattel rutschte ihr unter den Bauch. Aber bald wurde sie wieder eingefangen, und Luke war danach ziemlich grob.

Dennoch ließ der Gedanke an Flucht Sansibar keine Ruhe. Wenn die Menschen mit ihren Foltergeräten ankamen, erinnerte sie sich an das herrliche Gefühl, ohne einen Menschen auf dem Rücken davonzustürmen und selber zu entscheiden, in welche Richtung sie laufen wollte. Und das wollte sie gern wiedererleben.

Aber sie zeigte ihre Gefühle höchstens dadurch, daß sie ab und zu ein wenig schnaubte.

Und dann wurde sie an einen anderen Ort gebracht.

Sie sah Luke danach nie wieder. Statt dessen wurde sie von einem jungen Mädchen geritten, das viel netter war als er. Sie hieß Sarah, und sie streichelte Sansibar und redete mit ihr, wenn sie Zeit genug hatte.

Aber auch Sarah wollte über Hindernisse springen. An denen führte offenbar kein Weg vorbei.

Die viele Arbeit machte Sansibar sehr müde.

Sie sehnte sich danach, wieder über die Wiese zu galoppieren, wie damals als Fohlen.

Es war anstrengend und tat weh, immer soviel auf dem Rükken zu haben, zusätzlich zum eigenen Gewicht auch noch einen Sack aus fremdem Fleisch tragen zu müssen. Oft überwältigten sie Gereiztheit und Widerstand, und sie trat um sich und schlug aus. Aber Sarah brachte sie immer wieder rasch unter Kontrolle.

Im Grunde war Sarah nett, und Sansibar freute sich, wenn sie in den Stall kam, um sie zu holen, auch wenn danach nie etwas Interessantes passierte. Sogar die anstrengende Arbeit war besser als die Langeweile im Stall.

Im Stall war es halb dunkel, und die anderen Pferde standen so weit weg, daß Sansibar keinen richtigen Kontakt zu ihnen aufnehmen konnte. Ab und zu wurde sie für kurze Zeit mit

einigen von ihnen auf eine kleine Koppel mit hartgetrampeltem, abgegrastem Rasenboden hinausgelassen, aber das war dann immer sehr hektisch. Im Stall hörte sie nur ab und zu ein trauriges Wiehern.
Wenn Sarah ihren Hals streichelte und sie mit Rufen anspornte, dann war das viel angenehmer.

Aber bald wurde Sansibar wieder an einen anderen Ort gebracht. Jetzt wurde sie eine Zeitlang von verschiedenen Leuten geritten, dann bekam sie einen festen Reiter namens Renny. Renny war nicht so nett wie Sarah, aber auch nicht so schrecklich unfreundlich wie Luke.
Renny arbeitete ruhig und methodisch mit ihr. Er striegelte sie selber. Im Grunde mochte sie Renny.
Aber frei hatte sie bei ihm nie. Es gab nur Hindernisse und wieder Hindernisse.

*

Normalerweise wurden die Hindernisse im Kreis aufgebaut, so daß sie eine Bahn ergaben. Dann mußte sie immer wieder um den ganzen Kreis laufen, niemals nahm das ein Ende.
Sansibar war gern mit ihrer Mutter auf der Wiese herumgesprungen. Aber sie wäre nie auf die Idee gekommen, einfach ohne Grund so hoch in die Luft zu springen, wie Renny das ununterbrochen von ihr verlangte.
Ihre Muskeln taten weh, und harte Stöße jagten durch ihre Beine und ihren Körper, wenn sie auf der anderen Seite eines Hindernisses aufkam.
Manchmal waren ihre Gelenke nach einem Arbeitstag wie taub, und sie schlief ein, noch ehe sie abgesattelt war.

Und dann fing Renny an, sie bei Wettbewerben zu reiten.

Sie begriff, daß sie hier eine gute Figur machen mußte, daß das für Renny sehr wichtig war.

Aber das Training für diese Reitturniere war so hart, daß sie manchmal einfach zusammenbrach. Dann bekam sie Spritzen, und danach waren die Schmerzen noch schlimmer, aber sie kam auf die Beine.

Sie hätte statt der Spritzen lieber etwas mehr zu essen gehabt, denn sie hatte immer Hunger. Süßigkeiten bekam sie überhaupt nicht mehr.

Bei den Turnieren wurde Sansibar leicht nervös.

Dort waren so viele Menschen, und sie benahmen sich ganz einfach unerträglich. Es verblüffte sie immer wieder von neuem, was die Menschen für einen Krach machen konnten.

Sie fuchtelten auch mit den Armen und rannten über den Parcours, wo sie offenbar etwas zu erledigen hatten. Noch mehr Menschen, die wahren Horden, saßen dicht an dicht auf den Zuschauerbänken. Die Welt schien nur noch aus Menschen zu bestehen.

Durch Maschinen verzerrte Stimmen gellten über den Platz, und Renny benahm sich nicht normal.

Ab und zu klappte alles, und dann wurde sie wieder gelobt, genau wie früher als Fohlen.

Aber manchmal stürzte sie auch in den Wassergraben oder riß die Hälfte der Hindernisse ein, und dann schämte sie sich schrecklich. Renny sagte dann nicht viel, manchmal streichelte er trotz allem ihren Hals, aber sie wußte, daß sie sich blamiert hatte, daß die ganzen Anstrengungen umsonst gewesen waren.

Aber egal, wie die Turniere auch ausfielen, das Training ging weiter.

Sie mußte im Kreis laufen, immer wieder im selben Kreis, schneller und besser und höher.

Aber niemals war sie schnell genug, niemals wirklich hoch genug.

Noch nachts, wenn sie in ihrer Box schlief, träumte sie von diesen gewaltigen Sprüngen. Sie träumte, daß Herden von schreienden Menschen über ihr hingen und sie zum Fliegen bringen wollten.

Schließlich war Sansibar beim Training genauso nervös wie auf dem Parcours.

Renny war nie mehr mit ihr zufrieden. Er verlangte immer höhere Sprünge von ihr, und das tat schrecklich weh. Der Kreis mit den Hindernissen war zum Verrücktwerden, und es gab nie genug zu essen und immer zu viele Spritzen. Ihr Körper schmerzte und pochte und schwitzte, und Kummer und Wut kämpften zwischen ihren Augen einen wilden Kampf.

Sie weigerte sich. Sie blieb so plötzlich stehen, daß Renny über ihrem wohlfrisierten Hals hing. Sie machte vor den Hindernissen kehrt und warf sich wild herum, um in sinnlosem Protest in die Gegenrichtung zu galoppieren.

Aber das half ihr alles nichts. Wieder und wieder wurde sie ausgeschimpft und bestraft, umgedreht, weitergetrieben, angefahren. Renny machte weiter, bis sie aufgab und tat, was von ihr erwartet wurde.

Renny griff nicht zur Peitsche, so brutal war er nicht. Aber niemals durfte sie sich drücken. Immer gewann am Ende Renny, egal wie viele Bocksprünge sie auch versuchte. Immer war sie es, die den Kopf senken und sich fügen mußte. Es half nichts, zu kämpfen, es war unmöglich, einen Menschen zu besiegen, jedenfalls keinen solchen Menschen wie Renny. Um Gnade zu bitten half auch nichts. Wenn sie erst dumm genug gewesen war, ein Hindernis zu verweigern, dann wurde sie hingetrieben, mußte auf der Stelle lernen, es zu akzeptieren.

Die Menschen entschieden und bestimmten alles. Nirgendwo gab es Platz für eine Entscheidung, die Sansibar getroffen hätte.

Sie hatten ihren Körper. Ihre weichen Flächen in ihrem Mund, die empfindlichen Flanken. Sie leiteten sie mit Stahl und Hunger und Nadeln. Ihre Gelenke taten weh und wurden dick, die Scheuklappen vergrößerten ihre Angst, der Bauchriemen schnitt ihr ins Fleisch. Wenn sie zusammenbrach, wurde sie wieder auf die Beine gezerrt. Wenn sie in ihrer Verzweiflung nach den Menschen biß, schlugen sie hart auf sie ein, sehr hart, damit sie ja nicht vergaß, was sie da verbrochen hatte.

*

Am letzten Tag des Turniers war es Sansibar schon vorher schlecht, und sie zitterte.

Sie schlug so heftig aus, daß Renny einen Moment lang die Beherrschung verlor, obwohl er sonst vor einem Start immer beruhigend auf sie einsprach.

Gleich zu Anfang riß sie zwei Hindernisse ein.

Diese Niederlage erfüllte sie mit einer Art träger Verzweiflung, und sie konnte sich nicht mehr konzentrieren. Und bei dem ekelhaften Hindernis mit den gekreuzten Barren ging dann alles schief.

Sie landete mitten im Hindernis, hoffnungslos schief, und stürzte hart und schmerzhaft, so hart und schmerzhaft wie nie zuvor.

Renny wurde über ihren Kopf geschleudert.

Sie wollte sofort zurückweichen, wie sie es gelernt hatte, damit ihre Hufe nicht mit dem Körper des Menschen in Berührung kämen. Aber nun stellte sie fest, daß sie sich fast nicht bewegen konnte, und der Schmerz hüllte für einen Augenblick die Welt in einen flimmernden, bleichen Nebel.

Als sie wieder zu sich kam, sah sie, daß Renny zum Glück nichts passiert war.
Er stand vor ihr und wischte sich die Kleider ab.
Aber sie selber war verletzt. Ihr Bein tat entsetzlich weh und lag in einem seltsamen Winkel. Andere Menschen waren herbeigeeilt, und nun standen sie um sie herum und glotzten ein wenig hilflos.
Sie hob den Kopf und wieherte ängstlich, um ihnen klarzumachen, daß sie ihr Bein jetzt nicht berühren durften.

Sie faßten sie nicht an.
Jemand hob die Splitter der Barren auf.
Renny war fertig damit, sich die Kleider abzuputzen. Er kam zu Sansibar herüber, sah sie an und seufzte tief. Zwei von den anderen Menschen schüttelten den Kopf und stießen mitfühlende Töne aus, und sie begriff, daß Renny ihnen leid tat, nicht sie selber.

Sie lag eine Weile da, eingekapselt in ihre heiße Nebelwelt der Schmerzen. Die Geräusche schienen von weither zu kommen, sie hoffte nur, daß niemand sie auf die Beine zwingen würde.
Und dann erschien der Tierarzt. Sie erkannte seinen Geruch und seine komische Tasche.
Es war ein neuer Tierarzt, einer, den sie noch nie gesehen hatte, aber zwischen Tierärzten bestand ja kein großer Unterschied.
Immer waren Krach und Spritzen und stinkende Lappen mit ihnen verbunden, und es ging ihr nach ihren Besuchen so gut wie nie besser, das war Sansibars Erfahrung.

Sie konnte Tierärzte überhaupt nicht leiden.

Aber jetzt achtete sie kaum auf diesen nach Gift stinkenden, hektischen Menschen, der seine Tasche neben sie auf die Grasnarbe stellte. Sie mochte einfach nicht mehr überlegen, was jetzt wohl mit ihr passieren würde.
Die Schmerzen lähmten sie. Sie glotzte nur, und sie sah jetzt auch nicht mehr ganz klar.
Der Tierarzt öffnete seine Tasche und nahm eine von diesen ewigen Spritzen heraus.

Wieder wurde ihr schwindlig, nur für einen Moment zwar, aber lange genug, um ein Bild wie einen Traum durch ihren Kopf flimmern zu lassen und sie von hier fortzutragen.
Sie sah etwas, das Ähnlichkeit mit der Wiese hatte, auf der sie mit ihrer Mutter gegrast hatte, als sie klein und glücklich gewesen war und geglaubt hatte, die Menschen liebten sie. Aber auf dem neuen Bild gab es nicht einmal mehr einen Zaun. Die Welt öffnete sich zum Rand des Blickfeldes hin, und sie hob den Kopf, während ihre Mähne im Wind flatterte. Sie machte sich bereit zum Sprung.

Und dann war sie wieder auf dem Parcours, ein elendes, von Schmerzen zerrissenes Bündel, das zitternd zwischen Blutlachen und Resten des zerbrochenen Hindernisses lag.
Sie sah, daß der Tierarzt jetzt neben ihr kniete, um ihr die Spritze zu geben.
Renny streichelte ihren Hals, und wirklich, auch der Tierarzt streichelte sie, wenn auch schneller und gleichgültiger. Dieses viele Gestreichele war ziemlich verwirrend.
Sansibar blickte zu Renny hoch, um für ihren Patzer um Verzeihung zu bitten. Aber er sagte: »Tüchtiges Mädchen, Sansibar!«

Die lange Nadel glitzerte, und erst jetzt spürte sie, daß ihr Körper Gefahr meldete.

Erst jetzt begriff sie, daß die Menschen sie töten wollten.

Und mitten in ihrer aufkeuchenden Angst spürte sie, mit einer seltsam zärtlichen Verwunderung, daß Renny sich schämte.

Die Menschen griffen nicht an wie Feinde. Sie streichelten, während sie zustachen.

Wieder sah sie die grüne Weide ohne Tor.

Und sie setzte zum letzten Sprung an.

Das Fest des Blutgottes

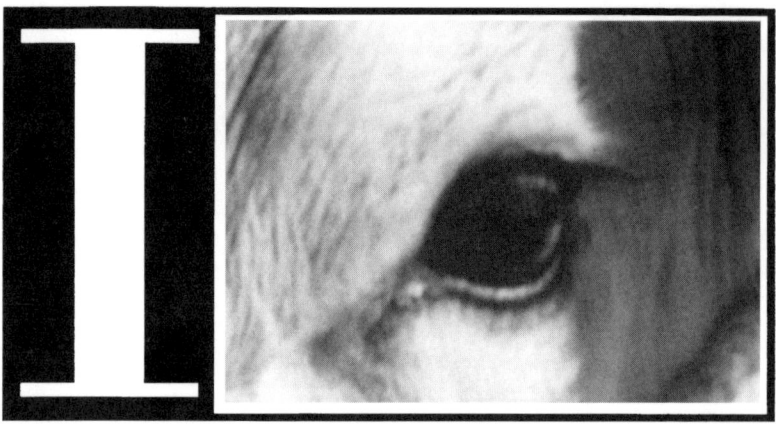

In allen Straßen wird gefeiert.

Bunte Wimpel wehen im leichten Wind, und die Weinflaschen werden hervorgeholt. Überall duftet es nach Braten.

Lieder und frohe Rufe sind zu hören. Fröhliches Lachen. Die Kinder laufen mit strahlenden Gesichtern barfuß zwischen den Häusern herum, einige von ihnen haben sich mit farbenfrohen Kleidern und goldenen Schleifen feingemacht. Und wenn sie Streiche aushecken, haben die Erwachsenen keine Zeit zum Schimpfen.

Die Musik spielt, und Fremde grüßen einander wie alte Freunde. Abends gibt es Feuerwerk.

Das ganze Jahr lang freuen die Leute sich auf das große Fest, wo das Leben selber gefeiert wird, wo Mächte und Götter in die Jubelrufe der Menge einstimmen.

Dann ist die Zeit da, wo Krieg und Unfriede, Armut, Sorgen und Kummer vergessen werden. Die Zeit, Freundschaft zu schließen und sich auszuleben. Die Probleme müssen frei nehmen und warten, bis der Alltag wieder einsetzt.

Denn jetzt werden auf Plätzen und Straßen, in Gassen und auf den Hügeln die Instrumente gestimmt. Pailletten glitzern, Seide und Perlmutt und Edelsteine funkeln, es duftet nach süßem, frischgebackenem Brot, und zwischen den Mauern hallen die entzückten Ausrufe der Menschen wider, die für diesen Moment leben wollen, die nehmen, was sie bekommen können.

Der Wein schwappt wie Blut in henkellosen Pappbechern und geschliffenen Kristallgläsern.

In allen Straßen wird gefeiert.

In der heiligen katholischen Kirche sitzen fleißige Nonnen, junge und alte, und tauchen kleine Spieße in roten Pfeffer.

Die Politiker halten begeisterte Reden über das Opfer, über das gewaltige Freudenfest der Menschen.

Ihre Worte wandern vom einen Ende des Landes zum anderen, und der Haufen von scharfen Spießen wächst. Wenn die Spitzen der Spieße geschliffen und gepfeffert worden sind, werden rote, gelbe und grüne Bänder an den Spießen befestigt, damit sie gut zu sehen sind.

Niemand soll von den Feiern ausgeschlossen werden.

Am ersten Tag ist die Stimmung mitreißend und gleichzeitig unbeschwert.

Das Fest ist noch jung, mehrere Tage müssen durchlebt werden, ehe alles vorüber ist.

Noch gibt es genug zu essen und zu trinken, noch sind die Wimpel nicht eingestaubt.

Zuerst werden die prächtigen Stiere geholt.

Die munteren einjährigen Stiere mit ihren geschwungenen

Hörnern und den runden Nacken. Sie schnauben, prusten und stampften wütend auf den Boden, wenn sie begreifen, daß sie angegriffen werden, daß hier Kampf angesagt ist.
Diese Stiere sorgen für beste Unterhaltung. Das Opfer braucht seine Zeit. Die Stiere setzen sich energisch zur Wehr, getrieben von ihren feurigen jugendlichen Instinkten, ihrer Energie und ihrem Lebenshunger.

Aber die Leute wissen, wie sie mit den allzu widerstandsfreudigen Tieren fertig werden können. Einigen werden schon im voraus die Nackensehnen durchgetrennt. Es ist auch möglich, die Hörner abzuschleifen und den Tieren Vaseline in die Augen zu schmieren.
Und trotzdem kämpfen die Stiere. Sie brüllen, rennen los und stellen sich der Menschenmasse, sie versuchen verzweifelt, sich mit ihren Hörnern zu verteidigen. Für einen Moment kann es so aussehen, als würde ihnen das gelingen, aber dann werden sie von den ihnen an Menge und Intellekt überlegenen Festteilnehmern rasch zurückgetrieben.
Nur sehr selten kommt es zu ernsthaften Unglücksfällen. Die Stiere werden streng überwacht.
Und dann werden sie durch die engen Straßen gejagt, unter dem heißen, goldenen Auge der Mittagssonne.

An den nächsten zwei Tagen ändert sich die Stimmung und wird hektischer.
Alle wollen soviel wie möglich erleben, ehe das Fest zu Ende geht. Schleifen lösen sich im unpassenden Moment, und immer wieder müssen neue Bänder an den Spießen befestigt werden. Das beste Essen und der beste Wein sind schon aufgetischt worden.
Und die schönsten jungen Stiere sind tot.
Viele Stunden lang werden sie durch Straßen und Gassen ge-

trieben, über Plätze und Kreuzungen, und mit Pfeffer einge-
riebene Spieße ragen ihnen aus Nacken und Rücken.

Die Stärksten geben nicht einmal auf, wenn sie in die Knie
gezwungen werden, sie brüllen und werfen ihren schweren
Kopf herum, obwohl sie vom Blut geblendet sind.

Je lauter die Tiere in ihrer Todesangst brüllen, um so mehr
jubeln die munteren Festgäste. Denn die zähe Widerstands-
kraft der Stiere gehört zu den wichtigsten Voraussetzungen
für ein gelungenes Vergnügen.

Jetzt sind die besten Stiere umgebracht und verzehrt worden.
Sie schreien nicht mehr zur Sonne hoch.

Und nun werden Kühe und Kälber geholt, zusammen mit
den alten Tieren.

Dabei kann es schon vorkommen, daß irgendein weichherzi-
ges Menschenkind protestiert und »seinem« Tier die Folter in
den glühend heißen Straßen ersparen will.

Aber andere Kinder sind an diese Unterhaltung gewöhnt und
beteiligen sich voller Eifer und Stolz daran. Auf dem Markt-
platz werden Possen aufgeführt, verkleidete Clowns kämpfen lärmend und ungeschickt mit Ferkeln und Schafböckchen
und töten sie dann.

Für die Kleinen wird auch eine Kälberjagd arrangiert. Dazu
bekommen sie kleine Ausgaben der dekorierten Spieße der
Erwachsenen.

Auch Hahnenkämpfe gehören dazu, und andere Tiere werden auf die Glockentürme geschleppt, um danach auf den
gepflasterten Platz unter ihnen geschleudert zu werden.

Die Kühe wehren sich nicht so heftig wie die jungen Stiere.
Aber auch sie kämpfen um ihr elendes Leben. Obwohl sie ihren
Angreifern nur selten mutig und von Angesicht zu Angesicht
gegenübertreten, versuchen sie mit aller Kraft, sich zu retten.

Keuchend und mit verzweifeltem Gebrüll stolpern sie vor der aufgepeitschten Menschenmenge her durch die Gassen. Die Kinder schwenken kriegerisch ihre Spieße, die die Nonnen nach dem Morgengebet für sie vorbereitet haben. Falls eine dieser Mägde Gottes bei dieser Arbeit an die Worte des Franz von Assisi gedacht hat, dann hat sie das sicher nicht laut gesagt. Die Spieße werden in roten Pfeffer getaucht, damit sie nicht nur stechen, sondern in den offenen Wunden auch ätzen und brennen und die Opfer lauter schreien lassen. Die Nonnen haben nicht über die Liebe dieses Heiligen gesprochen, der die Tiere seine Brüder und Schwestern nannte, über seine Predigt für die Vögel unter dem Himmel.
Die Spieße treffen nach Lust und Laune, geworfen von ungeschickten Händen, in fröhlichem Übermut. Ein Kuhkörper kann vielleicht ein Dutzend von ihnen ertragen, dann bricht die Kuh zusammen, besiegt von Schmerz und Blutverlust.

Einige Zuschauer verspüren vielleicht ein Unbehagen, vor allem gegen Ende des Festes.
Nun kommt eine Kuh, eine kleine gefleckte, mit zottigen Ohren. Sie scheint ihre Quälgeister um Gnade anzuflehen. Ohnmächtig brüllend und jammernd glotzt sie die Menschen mit ihrem Tierblick an, aus runden braunen Augen, die das alles nicht begreifen.
Bisher haben die Menschen sie doch gefüttert und ihren Nacken gestreichelt. Freiheit hat sie nie gekannt, aber mit Fürsorge hat sie immer rechnen können.
Einzelne Menschen verspüren ein Unbehagen. Aber wer den starren, blutunterlaufenen Tierblick nicht ertragen kann, kann auch nicht am Fest teilnehmen. Solche Menschen müssen sich abwenden, ihnen wird die Freude verdorben, und da hätten sie auch gleich allein zu Hause bleiben können.

Verzweifelte Blutgier treibt die Menschen durch Sonne und Rausch.
Sie torkeln über die Straßen, zwischen den Häusern entlang.
Hinter einigen funkelnden Menschenaugen liegt eine leichte Unruhe auf der Lauer, und einzelne spüren die Angst wie einen eisigen Hauch unter der Haut, wie einen Schmarotzer. Um den Schmarotzer zu vergessen, schreien sie noch lauter. Sie schreien, als glaubten sie, nur auf diese Weise gehört zu werden.

Vor ihnen wankt die mißhandelte Kuh, irrsinnig vor Leiden, gefesselt an eine Wirklichkeit, in der plötzlich das Leben ebenso unmöglich geworden ist wie das Sterben.
Das Tier ist bereits gefangen. Aber niemand tötet oder fesselt es. Die sinnlose Jagd geht weiter.
Die Menschenmasse läuft und lärmt und setzt hinter dem durchbohrten Tierkörper die Flaschen an den Mund.
Nichts und niemand kann dieser gequälten Seele sagen, was sie tun soll. Die innere Stimme des Tieres wird vom Gestank und vom Lärm der Menschen erstickt.

Sie ist eine der allerletzten, die kleine gefleckte Kuh.
Die Leute können sich nicht mehr beherrschen, sie machen jetzt Fehler, das ist in dieser Phase des Festes immer so.
Ein Junge bricht der Kuh die Beine.
Das war Pech, alle ärgern sich. Die Zuschauer schreien vor Enttäuschung auf. Niemand kann noch Tiere für das Fest hergeben, und sie hatten damit gerechnet, sich noch mindestens zwei Stunden mit dem letzten Opfer amüsieren zu können.
Zwei einfallsreiche Kameraden helfen dem Jungen, und gemeinsam versuchen sie, die Kuh wieder auf die Beine zu zwingen.

Aber zwei Beine sind an mehreren Stellen gebrochen, und sie brüllt ohrenbetäubend los.

Sie bietet einen grotesken Anblick, wie sie da keuchend, sich windend und irrwitzig klagend im blutigen Staub liegt, während farbenfrohe Spieße ihr in allen Richtungen aus Nacken und Rücken ragen.

Sie wird getreten. Sie wird mit neuen Spießen gestochen, die Menschen suchen sich die empfindlichen Stellen um Nase und Maul aus.

Gehorsam versucht sie, auf die Beine zu kommen. Aber das kann sie nicht mehr. Eine Frau hält sich die Augen zu, zwei Männer wenden sich ab, unter dem Vorwand, sie stritten sich um eine Flasche Wein.

Das Geschrei der Kuh kennt keinen Anfang und kein Ende. Die Spieße umkränzen ihren zitternden Kopf wie ein Kragen.

In allen Straßen wird gefeiert, aber nun geht das Fest dem Ende entgegen.

Die Wimpel hängen schlaff herunter, und die Girlanden sind zu Fetzen zerrissen.

Wein gibt es auch nicht mehr.

Und einsam auf dem verlassenen, mit Müll überhäuften Platz vor der Kirche liegt eine sterbende Kuh, deren Knochen ihr Fell durchbohrt haben.

Unter dem Abendhimmel fliegen Vögel mit lautlosem Flügelschlag. Der Gesang der Menschen ist verstummt. Schwester Sonne sinkt im Westen, und bald wird Bruder Mond ihren Platz einnehmen, aber heute gibt es hier keinen dichtenden Mönch, der sie segnen könnte.

Und doch: Wenn jemand das möchte, so ist es erlaubt zu glauben, daß sich ein Schutzengel über Schwester Kuh beugt und sie im rötlichen Abendlicht tröstet, um ihre Schmerzen zu lindern. Vielleicht verspricht er ihr auch, daß sie unter hohen Bäumen schlafen und daß ihr Martyrium nicht vergessen werden wird.

Aber noch lebt sie. Der Mensch hat soeben seinen einzigen wirklich geliebten Abgott gefeiert – sich selber –, und das Tier liegt mit seinem zerschundenen Körper auf dem Steinpflaster und trinkt in der sengenden Sonne sein eigenes Blut.

Maschine

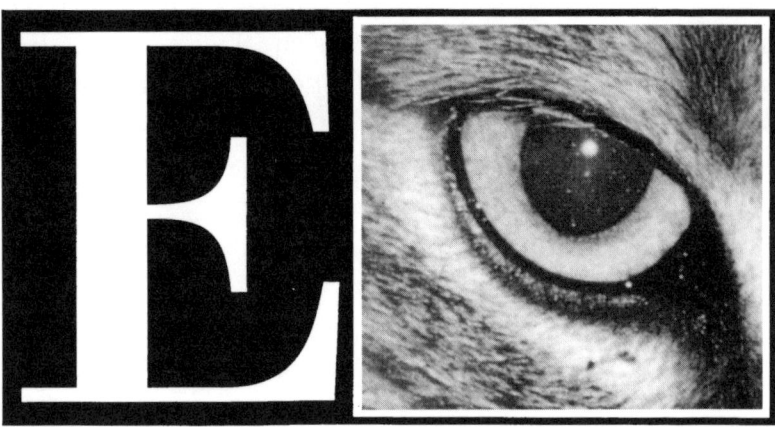

Es war einmal ein Kater mit vielen Namen.

Zuerst hieß er Ursus, denn anfangs gehörte er einem Studenten. Der Student selber hieß Alexander und fand, sein Kater habe Ähnlichkeit mit einem kleinen Bären. Ursus war dunkelbraun und zottig und hatte seltsam runde Ohren.

Als Ursus noch ein Katzenbaby war, fand Alexander ihn niedlich. Er zeichnete ihn und zeigte das Bild zwei kunstinteressierten Freunden. Dann band er Ursus ein Samtband mit einer Glocke um den Hals, die jedesmal bimmelte, wenn er sich bewegte. Ursus war von der Glocke genervt, gewöhnte sich aber nach und nach daran.

Dann wurde Ursus erwachsen, und Alexander fand ihn nicht mehr ganz so niedlich.

Ursus wollte nach draußen, das ist eben so bei Katzen. Katzen sind Nachttiere, sie jagen in der warmen Dunkelheit, und dort findet auch ihr gesellschaftliches Leben statt.

Allerdings gab es in der Nähe von Alexanders Wohnung keine warme Dunkelheit. Vor dem Haus stand eine riesige Straßenlaterne, und ein Stück weiter weg gab es noch mehr Straßenlaternen, außerdem Tankstellen, zwei Kneipen und ein Krankenhaus. Und Alexander wohnte in Norwegen, wo der Winter vom Oktober bis zum April dauert, und sogar mitten im Sommer sind dort schon Menschen und Tiere erfroren.
In der Stadt, in der Ursus wohnte, war es also weder warm noch dunkel. Aber das begriff Ursus nicht, und er wollte auf jeden Fall aus der Wohnung. Die war eng und klein, er war eingesperrt. Den ganzen Tag saß er auf der Fensterbank und starrte die Welt an, wünschte nur, sie besuchen zu können, und nachts heulte und schrie er ganz schrecklich an der Tür. Alexander wollte Ursus aber nicht nach draußen lassen. Er hatte Angst, der Kater könnte von der endlos langen Autoschlange überfahren werden, die seit zwanzig Jahren an seinem Fenster vorüberfuhr und die ganz gewaltig stank und lärmte.

Aber schließlich ließ Alexander Ursus doch aus dem Haus, denn er konnte sein Gejammer nicht mehr ertragen. Er fand seinen Kater ja auch nicht mehr so niedlich, und er beschloß, in Zukunft lieber Stilleben zu malen.

Es war mitten im Winter und bitter kalt. In einem solchen Klima ist es ein Wunder, daß außer dem Moschusochsen noch andere Geschöpfe überleben, selbst wenn sie dicke Handschuhe und Antibiotika haben.
Für Ursus war die Sache nicht leicht. Er konnte schließlich nicht den Pelz anderer Geschöpfe anziehen. Und kleine Katzen sollten ja eigentlich in tropischen Gegenden wohnen, wo sie sich in der Savanne herumrollen und von der Sonne durchdringen lassen können. Tatkräftige Menschen hatten

vor vielen Generationen Ursus' Ahnen in den zähneklappernden Norden gebracht, und die meisten seiner Urururgroßeltern und Großkusinen dritten Grades waren auf der verzweifelten Suche nach einer Heizquelle unter Lastwagen umgekommen und in verdreckten Gassen erfroren und verhungert.

Für Ursus war die Begegnung mit dem Nordwind ein Schock. Und es überraschte ihn, wie groß die Welt bei näherem Hinsehen war. Von Alexanders Fenster aus hatte sie einen ganz anderen Eindruck gemacht.

Und dennoch rannte er los, um die erstarrte Asphalteinöde zu erforschen. Denn Ursus war eine unternehmungslustige Seele.

Eine Weile darauf kam er zurück und miaute vor der Tür des Studenten, aber niemand öffnete ihm. Alexander schlief. Vielleicht wachte er in dieser Nacht zweimal auf, aber er wollte einfach nicht um diese Zeit ins eiskalte Treppenhaus gehen müssen.

Ursus hatte Hunger, er fror und fühlte sich einfach elend. Das alles war neu für ihn. Er war daran gewöhnt, daß er sein persönliches Cordsofa hatte, um daran seine Krallen zu wetzen, und einen Napf mit fischförmigem Katzenfutter, das beim Kauen knackte.

Er trottete ein wenig durch die Gegend und machte noch eine Mondscheinrunde durch Gestank und Qualm, aber jetzt machte es keinen richtigen Spaß mehr. Und als er wieder an seinem Ausgangspunkt angekommen war, wußte er nicht mehr so recht, welche von den vielen Türen nun gerade seinem Studenten gehörte.

Ursus sah Alexander nie mehr wieder.

Statt dessen lernte er einen anderen Kater kennen. Einen zerzausten Burschen ohne Glöckchen.

Die beiden freundeten sich bald an, und der Lumpenfritze brachte Ursus bei, wie er zu seinem Lebensunterhalt Mäuse fangen konnte. Ein besonders tolles Leben war das allerdings nicht.

Bald hatte Ursus vergessen, daß er Ursus war.
Zusammen mit seinem neuen Kumpel streifte er durch die Stadt und schlief in zerrissenen Pappkartons und unter morschen Brettern. Er versuchte, ein Katzenleben zu führen, zu spielen und sich zu raufen und auf Mülltonnen zu springen, aber er hatte doch das Gefühl, daß etwas fehlte.
Die Suche nach etwas Eßbarem war schrecklich anstrengend, und richtig warm wurde es nie. Die Straßen stanken, es war laut, überall lauerten Gefahren. Harte Dinge kamen in wahnwitzigem Tempo aus dem Nichts angejagt. Krank durfte man schon gar nicht werden, denn die Kälte umschloß einen wie eine Mauer.

Aber eines Tages lockte ihn ein Mensch mit Fischklößen in eine fremde Wohnung.
Dieser Mensch war ein kleines Mädchen und hieß Katrine.
Ursus war noch nicht ganz verwildert und menschenscheu geworden, und Katrine weckte in ihm Erinnerungen an Menschenkontakt, an Sofas und gefüllte Näpfe. Deshalb ließ er sich nach einigem Zögern locken.
Katrine zerquetschte die Fischklöße in einem Teller, als ob Ursus keine Zähne hätte, und Milch gab sie ihm auch.
Danach ging er gern zu Katrine, wenn das Leben zu hart wurde, und er gewöhnte sich immer mehr an sie. Er bekam auch wieder einen Namen, Katrine nannte ihn Monsemann.

Monsemann war im Sommer ziemlich viel unterwegs, aber richtig warm wurde ihm nie, wie gesagt, und es gab mindestens so viele Autos wie vorher. Deshalb war er froh über seinen Zufluchtsort bei Katrine.

Als dann viel zu früh der Herbst kam, mit rußigem Regenwetter und blödem Schnee, freute er sich noch mehr darüber, Katrine und ihre Familie zu kennen.

Das heißt, für den Rest der Familie konnte er sich nicht so recht begeistern. Der Rest bestand aus zwei Menschen, einem Vater und einer Mutter. Und die machten die ganze Zeit Radau. Der Fernseher lärmte, und sie stritten sich. Die Mutter zerschlug in der Küche viele Teller, und manchmal warf der Vater Möbel an die Wände, daß die Späne nur so flogen. Es war keine Ruhe zu finden, und Monsemann begriff niemals, worüber sie sich so zankten.

Aber immerhin war ihm klar, daß die Menschen sich in der Stadt mit den vielen Maschinen kaum wohler fühlten als er selber.

Doch zum Glück gingen die Erwachsenen oft weg. Sie ließen sich manchmal tagelang nicht blicken.

Und dann waren nur Monsemann und Katrine zu Hause. Katrine gab ihm viel zu essen und streichelte ihn immer wieder. Wenn sie schlafen ging, nahm sie ihn mit ins Bett.

Monsemann wollte natürlich nicht immer in Katrines Bett, und sie zwang ihn auch nicht. Aber wenn er freiwillig zu ihr kam und sich an ihrer Hand oder ihrem Bein rieb, freute sie sich. Wenn er miaute und nach draußen wollte, weinte sie manchmal. Aber sie sperrte ihn niemals ein, und deshalb kam er immer wieder zurück. Er konnte jederzeit vor der schweren Tür miauen, immer kam Katrine und ließ ihn ein. Sie öffnete auch den Kühlschrank und streichelte sein nasses, schmutziges Fell.

Wenn Monsemann Essen und Ruhe brauchte, dachte er nicht weiter an andere Dinge. Aber wenn er gegessen und sich auf-

gewärmt und ausgeschlafen hatte, dachte er manchmal an Katrine. Dann war er froh und traurig zugleich. Katrine war eine Freundin, auf die er sich verlassen konnte, aber sie weinte viel, und sie hatte etwas Düsteres an sich.
Und manchmal wurde er unruhig und riß sich los von ihr, weil sie ihn zu fest an sich drückte.

Wenn Monsemann gewußt hätte, daß es andere Orte gab als diese kalte Stadt, hätte er sich vielleicht gewünscht, zusammen mit Katrine dorthin zu fliehen.
Ja, dann hätte er von heißen Tagen geträumt, vom schweren Duft tropischer Pflanzen im funkelnden Sonnenschein, von so hohen Bäumen, daß er ihre Wipfel nur ahnen konnte. Er hätte an warme, saubere Luft gedacht, die Menschen und Katzen einatmen konnten, ohne husten zu müssen, an behagliche Ruinen irgendwo am Äquator.
Aber Monsemann hatte davon ja keine Ahnung. Er spürte zwar, daß etwas nicht stimmte, aber er wußte nicht, welche Bilder besser gewesen wären als die, die er hier sah. Monsemann war in der Maschinenstadt gefangen, und er erbrach sich, wenn er in einem Container verrottete Fleischreste gegessen hatte. Er fror, und sein Fell wurde ihm in nassen Büscheln ausgerissen.

Eines Tages war Katrines Mutter böse auf Monsemann.
Sie war vor Wut außer sich, und Monsemann wußte nicht, warum. Sie jagte ihn mit dem Toaster aus dem Haus.
Es dauerte lange, bis Monsemann es danach wagte, sich wieder sehen zu lassen, denn an diesem Tag hatte er nur mit Mühe und Not seinen Schwanz aus der Tür retten können.
Aber er erinnerte sich an Katrine, und deshalb machte er schließlich einen neuen Versuch.
Er erinnerte sich lange an Katrine, aber sie war nicht da. Nur

die Erwachsenen waren zu Hause, allein mit dem Fernseher und ihrem ganzen Lärm. Monsemann versuchte es immer wieder, mußte aber aufgeben. Keine Katrine, keine Fischklöße.

Mißmutig wanderte er von einem Mülltonnendeckel zum anderen, mit einem ekelhaften Gefühl im Bauch. Er leckte sich die Pfoten und kratzte sich hinter dem Ohr, einsam und frierend.

Der nächste Winter war grauenhaft. Mehrmals wäre Monsemann fast erfroren.

Beim letzten Mal wäre wohl auch Schluß gewesen, wenn eine alte Dame ihn nicht gefunden und mit zu sich nach Hause genommen hätte.

Die Dame wickelte ihn zum Auftauen neben dem Kachelofen in eine Decke und flößte ihm mit einem Teelöffel lauwarme Milch ein. Als er wieder zu sich kam, nahm sie ihn auf den Schoß und streichelte ihn. Monsemann war verfilzt und häßlich und nur noch Haut und Knochen, aber die Frau kämmte sein Fell aus und schnitt die schlimmsten Verfilzungen heraus.

In diesem Winter wollte Monsemann nicht mehr nach draußen. Die Kälte hatte ihn fast um den Verstand gebracht.

Manchmal hatte er große Lust auf einen Spaziergang, aber an der Tür überlegte er es sich dann anders und rannte wieder zum Korb vor dem Kachelofen. Dort wickelte er sich in seinen beschützenden Schwanz und schloß die Augen.

Die alte Dame hieß Erna. Sie konnte ihn gut verstehen, sie litt nämlich an der Gicht.

Von Erna bekam Monsemann einen neuen Namen. Sie nannte ihn Samson. Sie legte seinen Korb mit dickem Filz aus und bettete eine alte Jacke hinein. Sie kochte für ihn Fisch und entfernte sogar die Gräten. Samson war immer wieder überrascht, wenn er entdeckte, daß sein Napf nicht leer war. Er mußte nicht erfrieren und bekam sogar etwas zu essen.

Als der Frühling kam, traute er sich wieder aus dem Haus. Der Drang, in den Gassen Mäuse zu fangen und andere Katzen zu treffen, wurde jetzt zu stark, und außerdem zwitscherte in Ernas Hinterhof ein Vogel so verheißungsvoll.
Samson war nun wieder richtig gesund und unternehmungslustig. Und sein Fell glänzte. Der träge Spätwinter hatte ihm gutgetan. Jetzt konnte er mit Leichtigkeit einen Raufburschen unter den Hinterhofkatern nach dem anderen überwinden und jede Menge schöngekämmter Katzendamen aus guten Häusern verführen.
In regelmäßigen Abständen ging er zu Erna zurück, leckte sorgfältig seinen Napf aus und streckte sich lang und mollig im Filzkorb aus. So gut hatte er es noch nie gehabt.

Aber eines Tages steckte Erna ihn in einen Katzenkorb und trug ihn in ein unheimliches Haus.
Ein Mann in einem weißen Kittel stach ihn mit Nadeln, es war wirklich ein fieser, gemeiner Kerl. Samson wurde davon sofort entsetzlich schlecht. Vor seinen Augen drehte sich alles, und als er dann wieder zu sich kam, lag er unter einer seltsam riechenden Decke.
Er war steif und fühlte sich krank, es war ganz schlimm, und er hatte das unangenehme Gefühl, daß etwas passiert sei.

Und dann erschien Erna und trug ihn im selben Korb wieder nach Hause.
Samson war schlapp und lag lange tatenlos im Filzkorb.
Endlich war er dann doch wieder so einigermaßen gesund.
Aber nichts war mehr so wie früher.

In seinem Kopf stand alles still. Und fast die ganze Welt kam ihm uninteressant vor.

Draußen war es jetzt genauso langweilig wie im Haus. Und die anderen Hinterhofkatzen machten sich über ihn lustig. Die begriffen nämlich genau, daß etwas Entscheidendes passiert war.

Also blieb er meistens in der Wohnung. Die Augen zu schmalen Spalten zusammengekniffen, lungerte er im Korb herum und wurde fett, oder er saß auf der Fensterbank und glotzte hinaus. Er dachte auch nicht mehr viel, dachte höchstens, da draußen liegt die Welt, aber im Grunde ist mir das schnurz.

Die Welt war ja nicht mehr so, wie sie sein sollte, das war sie nie gewesen, und jetzt gehörte ihm nicht einmal mehr sein eigener Körper. Jetzt reichte es wirklich, fand er.

Aber es kam natürlich doch noch vor, daß er einen kleinen Spaziergang machte.

Dabei war er am liebsten allein. Er hatte keine Lust, sich die Ohren abreißen zu lassen, das machte keinen Spaß mehr. So etwas bei anderen zu machen, brachte auch nichts. Es war wirklich zu blöd.

Er streifte planlos umher. Die Mülltonnendeckel ließ Samson in Ruhe, ebenso die schöngekämmten Katzendamen. Außerdem taten seine Pfoten oft weh, und dann fühlte er sich unwohl und war reizbar. Er brauchte auch keine Mäuse zu fangen, schließlich bekam er auf buntbemalten Tellern jede Menge grätenlosen Fisch und Leberwurst.

Und eines Abends, als er mit nur mäßig gerecktem Schwanz durch eine Straße trottete, dick und des Lebens restlos überdrüssig, da begegnete ihm die Maschine.

Es war eine riesige Maschine, mit glänzend blanker Front und Seitenstreifen.

Der kleine dicke Samson war der Maschine einfach im Weg, als er auf seinen wehen Pfoten über die Straße ging.

Einen seltsamen Augenblick lang spürte er, wie in ihm wieder alle Lebenssäfte aufstiegen.

Er wußte noch, wie früher alles gewesen war, als sich die Mühe doch noch irgendwie gelohnt hatte, zu leben und gegen Kälte und Hunger zu kämpfen.

Daran erinnerte er sich in dem messerscharfen Licht, als er mitten auf der Straße auf die Maschine traf und von einem Stoß hoch in die Luft geschleudert wurde.

Etwas schien aus ihm herauszuströmen, wie wilde Wasserwirbel, wie ein von grünweißem Licht hochgepeitschter, gewaltiger See.

Und dann kam der Asphalt auf Samsons Gesicht zugeschossen. Er konnte gerade noch denken: Das wird jetzt schrecklich weh tun.

Aber dann tat es überhaupt nicht weh. Denn er fiel weiter, durch den Asphalt hindurch, tief in duftende, regennasse Erde voller Würmer, bis auf die andere Seite, wo es nur Licht gab.

Klassisch

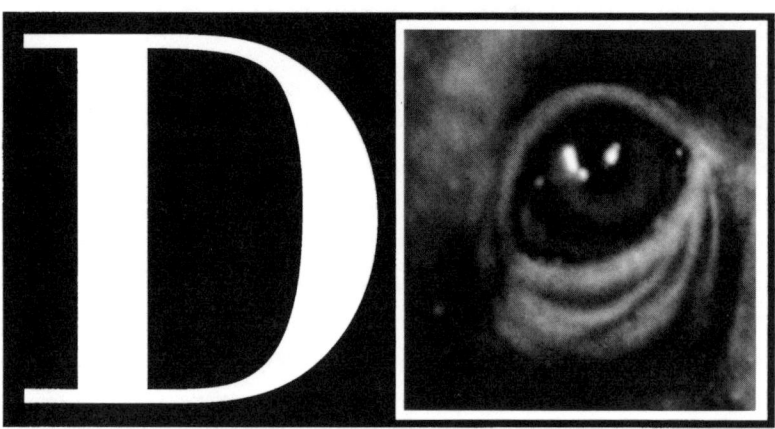

Dr. Winge ist müde. Er knipst in seinem Büro das Licht aus. Der Bildschirm seines Computers hat bei ihm Kopfschmerzen ausgelöst.
Und dann geht er durch den Flur ins Labor.

Das Labor ist abgeschlossen. Offenbar halten sich dort im Moment nur die Versuchstiere auf.
Die Räume sind schallisoliert, aber er weiß, daß die Tiere dort sind. Sie sind immer da.

Als sie ihn sieht, springt Hagar in ihrem Käfig auf.
»Guten Abend, meine Schöne«, sagt Dr. Winge scherzhaft.
Hagar packt mit ihren runzligen Händen die Gitterstäbe und schimpft ihn in ihrer Affensprache aus.
Und er kennt sie gut genug, um zu wissen, was sie ihm sagen will: Sie findet, er habe sie viel zu lange nicht mehr besucht.
Die arme Hagar hat nicht viele Abwechslungen.

»Aber, aber, du Wildfang«, sagt Dr. Winge. »Ich geb mir doch alle Mühe!«

Hagar läßt das Gitter los. Und als er die Käfigtür öffnet, schlingt sie ihre langen Arme um seinen Leib.

Sie blickt zu ihm auf und schmatzt zufrieden.

»Mir ist also schon verziehen? Ich muß schon sagen, nachtragend bist du wirklich nicht, was?«

Dr. Winge sieht sich ein wenig zerstreut im Labor um. Er merkt, daß Hagar seinem Blick aufmerksam folgt. Wie immer will sie genau wissen, was vor sich geht.

Die Wände des Labors sind mit Käfigen vollgestellt. Mit Gitterkäfigen wie dem von Hagar, in denen große Tiere stecken. Vor allem aber mit Käfigen aus Maschendraht, mit kleineren Tieren wie Meerschweinchen und Kaninchen. Von denen haben sie natürlich besonders viele.

Halb versteckt hängt hinter einem Vorhang ein Hund, eine Promenadenmischung. Er liegt in einer Art Hängematte. Seine schlaffen Pfoten baumeln lose in der Luft, während an seiner Schnauze und seinem Bauch grüne Kabel befestigt sind. Soviel Dr. Winge weiß, ist der Hund betäubt worden. Dennoch stößt er ab und zu unangenehme Geräusche aus, als ob er hinter seinem halbdurchsichtigen Vorhang mit den Zähnen knirschte.

Hagar kennt keine andere Welt als das Labor. Die Augen in dem dunklen Schimpansinnengesicht spiegeln eigentlich weder Trauer noch Sehnsucht wider, wenn sie sich umsieht. Sie zeigen vor allem eine gleichgültige Selbstverständlichkeit, einen Alltagsblick.

Dann dreht sie sich wieder zu Dr. Winge und grinst.

»Und wie geht es denn heute meiner Lieblingsschimpansin?« fragt er munter. »Du mußt jetzt wirklich auf deine Gesundheit achten, weißt du. Wir können dir keinen ungesunden Lebensstil erlauben.«

Hagar ist trächtig.

Dazu braucht man Zeit und Kraft, aber endlich ist es doch gelungen. Die Geburt wird wohl in zwei Wochen stattfinden, und alle erwarten sie voller Spannung und Interesse.

Es ist nicht leicht, Tiere in Gefangenschaft dazu zu bringen, daß sie sich vermehren. Für Forschung und Unterhaltungsbranche ist das ein immerwährendes Problem: Tiere in Labor, Zirkus und Zoo sind offenbar psychisch geschädigt, auch wenn sie auf die bestmögliche Weise gepflegt werden.

Aber Hagar ist eine starke Persönlichkeit und außerdem sehr anpassungsfähig. Eine Siegerin. Dr. Winge hat nie ein Hehl daraus gemacht, daß er viel von ihr erwartet. Auf diese besondere Schimpansin hat er ein Auge, seit sie ein fast haarloses kleines Bündel in den Armen ihrer Mutter war.

Jetzt preßt Hagar gestreßt und genervt die Kiefer aufeinander, das macht sie manchmal so.

Es bedeutet, daß sie sich langweilt und Anregung braucht. Daß er mit ihr spielen soll.

Hagar ist aktiv und intelligent. Und das ist natürlich ganz toll, aber manchmal ist es dann doch fast zuviel des Guten. Sie langweilt sich zu schnell.

»Ich bin jetzt müde«, sagt Dr. Winge. »Heute wird nicht mehr gespielt. Ich wollte nur nachsehen, ob bei dir alles in Ordnung ist, aber länger bleiben kann ich nicht.«

Und Hagar versteht. Die Wörter versteht sie natürlich nur zum Teil, aber ihren Sinn erfaßt sie sofort.

Sie seufzt. Leicht wehmütig und leicht resigniert. Sie weiß ja nicht, daß er ein Leben außerhalb des Labors hat, daß er nicht nur mit ihr spielen und arbeiten kann, daß er nach Hause muß, zu Frau und Kind. Sie begreift nicht, warum er nicht immer begeistert ist von der Vorstellung, mit ihr Ball zu spielen oder mit dem Rechenschieber zu üben.

»Du mußt dich jetzt selber unterhalten«, sagt er.

Hagar legt den Kopf schräg. Sie bewegt mehrmals rasch die Hände, benutzt die Zeichensprache, die er ihr beigebracht hat und die sie überraschend gut beherrscht. Sie will ihm klarmachen, daß sie dann etwas anderes haben will, etwas Eßbares.

»Alles klar«, nickt Dr. Winge. »Du kriegst Obst.«

Und er hebt zwei Finger.

Hagar signalisiert sofort ihre Antwort – sie möchte einen Apfel und eine Banane.

Dr. Winge schließt die Käfigtür ab, dann holt er die Früchte. Sie sind kalt, kommen direkt aus dem Kühlschrank, und Hagar wärmt sie erst in ihren Händen an. Dann legt sie sie auf den Boden und betrachtet sie nachdenklich und mit gerunzelter Stirn. Sie will sie jetzt nicht essen, jetzt hat sie ja gerade menschliche Gesellschaft – das Obst will sie sich für später aufheben, wenn sie wieder allein ist.

»Du bist vernünftig, Hagar, und eine tüchtige Selbsttherapeutin. Du wirst sicher fast alles überleben. Und du bist ganz schön charmant, das kann ich dir sagen.«

Und rasch streichelt er sie durch das Gitter. Er hat immer schon eine Schwäche für Hagar gehabt.

Zwei Minuten plaudert er dann noch mit ihr, dann muß er gehen. Als Hagar merkt, daß sie seine Aufmerksamkeit wirklich nicht mehr fesseln kann, streckt sie resigniert die Hand durch das Gitter. Das macht sie immer. Immer dieselbe ruhige, würdevolle Zeremonie: Leb wohl.

Hagar hat den Dschungel nie gesehen.

Sie kennt nicht einmal die Stadt.

Hagar kennt nur Käfige und Labors. Zwei Käfige und zwei Labors. Im ersten Käfig wurde sie geboren, im zweiten sitzt sie jetzt.

Bisher ist sie nur für harmlose Experimente benutzt worden.

Deshalb ist sie so harmonisch und vertrauensvoll, wie das einem Tier in einem Käfig überhaupt nur möglich ist. Offenbar macht es ihr Spaß, neue intellektuelle Fertigkeiten zu erlernen, und sie ist gern mit Menschen zusammen. Sie hat nicht die geringste Angst vor den Forschern oder den anderen Angestellten. Im Grunde ist Hagar hier eine Art Maskottchen. Aber das wird sich jetzt bald ändern.

Dr. Winge arbeitet seit vielen Jahren mit Schimpansen. Diese klugen, erfinderischen Tiere faszinieren ihn. Genetisch gesehen sind sie die nächsten Verwandten der Menschen.

Noch immer überrascht es ihn manchmal, wieviel sie wirklich begreifen. Sie haben Humor, Selbstbewußtsein und können planen. Sie können mit Werkzeug umgehen und ziemlich komplizierte Symbole verstehen. Manche sitzen vor dem Spiegel und machen sich schön, oder sie machen sich hinter deren Rücken über die Forscher lustig. Und zweifellos können sie sich gefühlsmäßig eng aneinander und auch an Menschen binden.

Als er noch jünger war, hat Dr. Winge sich manchmal gefragt, ob es überhaupt vertretbar sei, solche Tiere bei Experimenten zu verwenden, die ihnen weh tun und Angst einjagen, sie in eine Verzweiflung stürzen, die ihnen in der Natur kaum je widerfährt.

Aber er hat es sich mit der Zeit abgewöhnt, solche Fragen zu stellen. Damit kommt man doch nicht weiter.

Und doch, er freut sich nicht gerade auf den Versuch, der für Hagar und ihr Junges geplant ist.

Er weiß natürlich, daß es ein oft durchgeführtes psychologisches Experiment ist, das sich für den Unterricht ausgesprochen gut eignet. Es heißt: Der klassische Mutterberaubungsversuch.

Vor allem geht es dabei um die Reaktionen des Jungen. Aber es läßt sich natürlich nicht vermeiden, daß auch die Mutter stark darauf reagiert, wenn ihr das Kind weggenommen wird.

Dr. Winge macht sich darüber so seine Sorgen, auf seine Weise hat er Hagar schließlich gern.

Und er weiß noch, daß er während seines eigenen Studiums dieses Experiment vorgeführt bekam. Damals hat er gefühlsmäßig sehr heftig reagiert. Dieses brutale, destruktive Vorgehen traf ihn wie eine Gewehrsalve zwischen den Augen.

Hagars Kind wird Anfang Juli geboren.

Es ist eine leichte, umkomplizierte Geburt. Hagar wird leicht mit allem fertig. Sie ist aufgeregt und atmet schwer, ist aber guten Mutes. Dr. Winge nennt sie ein braves Mädchen.

Ihr Kind ist ein gesunder kleiner Affenjunge. Sie nennen ihn Goblin.

Hagar dreht sich zu Dr. Winge und dem Laboranten um, der neben ihm steht. Sie zeigt ihre Zähne. Lächelt. Nur Primaten können lächeln.

Dr. Winge läuft aus dem Labor. Er will nicht dabeisein, wenn Goblin seiner Mutter weggenommen wird. Zum Glück ist das nicht seine Aufgabe.

Dr. Winge setzt sich in sein Auto, um nach Hause zu fahren. Er weiß, daß es jetzt losgeht, daß Hagar jetzt grausam leidet. Ehe er losfährt, bleibt er noch eine Weile im Auto sitzen. Seine Hände zittern ein wenig. Er hält die eine mit der anderen fest. An das Experiment in seiner Studienzeit kann er sich genau erinnern. Später hat er sich im Labor von nichts mehr betroffen gefühlt. Er hat damals den Klassischen Mutterberaubungsversuch schlucken können, ohne laut zu protestieren. Seither hat er alles geschluckt.

Er legt die Hände auf das Lenkrad, und dabei sieht er den starrenden, kellerschwarzen Blick der Schimpansenmutter vor sich, ihren offenstehenden Mund, aus dem Speichel zu Boden tropft. Ihr Schreien zerschneidet wie ein in Äther getauchtes Skalpell sein Rückgrat. Er hört auch die entsetzlichen kleinen Kehllaute des Jungen.

Alles ist wieder da. Die ganze Atmosphäre von damals, aufgeladen mit Terror und Verzweiflung.

Er erinnert sich an seinen eigenen intuitiven Drang, dabei einzugreifen – die Notrufe von zwei lebenden Wesen zu beantworten, die er nur zu gut verstehen konnte.

Und gleich darauf taucht ein anderes Bild auf, ein Bild, auf das er nun wirklich nicht vorbereitet war: Lena im Krankenhausbett, blaß vor den roten und gelben Rosen auf dem Nachttisch, mit leuchtenden Augen, mit dem neugeborenen, runzligen Frederik in den Armen. O Gott, wenn ...

Viel zu schnell fährt er aus der Garage. Er hält sich selbst vor, daß er langsam zu einem alten, sentimentalen Trottel wird, daß solche Vergleiche einfach lächerlich sind. Er will nach Hause und eine Kopfschmerztablette nehmen. Er will auch etwas trinken, und dann will er den alten Rock-Hudson-Film sehen, der abends im Fernsehen kommt.

Erst zwei Tage später geht er wieder zu Hagar.

Er hat ja soviel zu tun. Die Arbeit wächst ihm fast über den Kopf.

Aber am Freitag geht er zu ihr.

Natürlich ist sie noch immer außer sich. Aber sie schreit nicht mehr. Sie stapft durch ihren Käfig und schüttelt wie besessen den Kopf.

»Sieh mich an«, fordert Dr. Winge sie auf. Ihm ist gar nicht wohl zumute – und in Gedanken ruft er sich wegen dieses Blödsinns sofort zur Ordnung.

Hagar versucht zu gehorchen, ruhig zu stehen und ihn anzusehen. Die scherzhafte Lustigkeit ist aus ihrem Blick verschwunden. Planlos öffnet und schließt sie die Hand.

»Nana«, sagt Dr. Winge. »Aber, aber.«

Hagar springt zögernd zweimal am Gitter hoch und winselt. Sie scheint verwirrt zu sein. Unklare Fragen liegen in ihrem Blick.

Dr. Winge streichelt sie durch das Gitter. Er bringt es nicht über sich, die Käfigtür zu öffnen. Er will jetzt nicht zu ihr. Sie freut sich offenbar auch nicht besonders über seinen Besuch.

Er versucht, ihr den Rechenschieber zu geben, aber Hagar will nicht. Sie schnaubt nur. Durch das Gitter packt sie ihn am Kragen und schüttelt ihn flehend.

Dr. Winge hat immer noch leichte Kopfschmerzen. Er verflucht den Bildschirm.

Dann ordnet er an, Hagar ein Beruhigungsmittel zu verabreichen.

Am nächsten Tag steht Hagar unter Drogen.

Untätig, fast apathisch sitzt sie in ihrem Käfig auf dem Boden. Sie preßt die Handflächen gegeneinander, ihre Unterlippe ist in traurigem Trotz vorgeschoben. So hat er sie noch nie gesehen.

»Hagar, redest du ein bißchen mit mir?«

Träge schaut sie auf.

Dann legt sie den Kopf schräg. Diese Geste drückt sonst Aufmerksamkeit, Eifer, Kontaktsuche aus, und sie führt sie zumeist rasch und graziös durch. Jetzt wirkt sie wie eine Parodie – schwer kippt der Kopf nach links, scheint mit leerem Blick auf ihre Schulter zu fallen.

Aber immerhin gibt sie sich Mühe. Das ist schon ein gutes

Zeichen. Dr. Winge wird in seiner Überzeugung bestärkt, daß Hagar eine Gewinnerin sei.

»Möchtest du denn etwas anderes?« fragt er.

Sie schnalzt melancholisch mit der Zunge und macht ein abweisendes Gesicht. Natürlich, es ist noch zu früh für Ablenkungen.

Zum Abschied streckt sie eine schlaffe Hand durch das Gitter.

Goblin steckt in einem kleinen Käfig in einem Verschlag, isoliert von den anderen Tieren.

Die Studenten dürfen ihn ansehen, ihn jedoch nicht anfassen. Goblin muß mit den Surrogaten zurechtkommen, die sich in seinem Käfig befinden.

Zwei Gegenstände enthält Goblins enger Käfig, jeden in einer Ecke. Der erste ist ein kaltes, glattes Metallgerät, ohne die geringste Ähnlichkeit mit irgendeinem lebenden Wesen, und er enthält Nahrung, einen Muttermilchersatz. Der kleine Affe kann ohne Probleme an dem Metallbehälter trinken.

Der andere Gegenstand ist mit weichem, fellähnlichem Material überzogen und kann vielleicht ein wenig Trost und Wärme spenden. Zu essen gibt es bei ihm nichts.

Es geht darum, wofür das Junge sich entscheiden wird: für den kalten, abweisenden Apparat, der Nahrung spendet, oder für das weiche, einladende Ding, an dem er nicht trinken kann. Was ist wichtiger für ein lebendiges Wesen: Essen oder Zärtlichkeit?

Echte Zärtlichkeit steht natürlich nicht zur Verfügung. Das Wollbüschel in der Ecke ist keine richtige Affenmutter. Und das begreift das Kleine. Dennoch bietet das weiche Ding eine Art Ersatz, wie eine Schmusedecke oder ein Kuscheltier für ein Kind.

Und jedesmal ist das Ergebnis dasselbe, in aller Welt, bei verschiedenen Tieren: Das Junge sitzt zumeist bei dem pelzigen

Gegenstand und klammert sich oft mit allen vieren daran fest. Und nach und nach geht es zugrunde und stirbt an Vernachlässigung, wenn niemand den Klassischen Mutterberaubungsversuch abbricht. Ganz ohne gefühlsmäßige Fürsorge kann kein lebendiges Geschöpf heranwachsen. Das soll den Studierenden gezeigt werden.

Manchmal wird auch mit einem weichen Gegenstand experimentiert, der plötzlich sticht und bestraft, wenn das verlassene Junge Kontakt sucht.

Dann wird es verrückt, ehe es stirbt.

Goblin hat das starke, lebenstüchtige Naturell seiner Mutter geerbt. Offenbar hat er nicht vor, so bald aufzugeben.

Lange hält Goblin in seinem Käfig durch. Bis zuletzt versucht er, an die Studenten und Professoren zu appellieren, die ihn aus der Entfernung betrachten. Er verfügt über eine bemerkenswerte soziale Intelligenz. Immer wieder streckt er seine dünnen Arme nach ihnen aus.

Einige von den Studierenden finden das offenbar so traurig und frustrierend, wie es seinerzeit auch Dr. Winge ging. Er sieht, daß sie gern auf Goblins Appell reagieren würden, auf die klugen Gesten und das herzzerreißende Gejammer.

Aber die meisten beruhigen sich dann bald. Es ist alles eine Frage der Gewohnheit.

Dr. Winge weiß noch, wie überrascht er war, als er nur eine Woche brauchte, um sich daran zu gewöhnen, ein sich windendes Lebewesen mit dem Messer zu zerschneiden.

Hagar ist keine lernfreudige, zufrieden grinsende Schimpansin mehr.

Damit hatte auch niemand gerechnet. Sie braucht ihre Trauerzeit. Sie braucht Ruhe, ehe sie wieder in Gebrauch genommen werden kann.

Dr. Winge sieht ab und zu nach ihr.
Meistens liegt sie mit halbgeschlossenen Augen passiv auf dem Boden. Ab und zu wiegt sie sich auch hin und her und schreit in drogenbetäubter Wut.

Langsam macht er sich Sorgen, Hagar könne durch das Experiment dauerhafte Schäden davongetragen haben.
Schimpansen sind doch sehr teure Tiere. Und obwohl Hagar längst die Kosten ihrer Aufzucht eingebracht hat, wäre es doch gut, sie noch ein paar Jahre nutzen zu können.
Aber nun reißt sie sich auch das Fell aus. Überall im Käfig liegen Haarbüschel herum.
Sie starrt ihre Finger an und brüllt.

Goblin versucht nicht mehr, zu den Menschen Kontakt aufzunehmen.
Er zwinkert ihnen nicht mehr hoffnungsvoll zu, und er preßt sein Gesicht nicht mehr an den Maschendraht.
Meistens liegt er zusammengerollt mitten im Käfig und mißtraut ganz offenbar beiden Muttersurrogaten. Er nagt an seinen Fingerknöcheln und kneift die Augen zu. Sein Gesicht ist haarlos und zerkratzt, und er sieht gequält aus.

Dr. Winge hat schreckliche Kopfschmerzen.
Er muß jeden Tag schmerzstillende Mittel einnehmen, und trotzdem kommt er manchmal nicht zur Arbeit. Er spielt mit dem Gedanken, einen Arzt aufzusuchen. Vielleicht leidet er ja an irgendeiner Krankheit.

*

Eines Nachts hat Dr. Winge einen sehr unangenehmen Traum.

Der Traum ist lebhaft, bunt und überzeugend, fast wie ein wirkliches Erlebnis. Aber er hat gleichzeitig auch etwas Fieberhaftes.

In seinem Traum geht Dr. Winge ins Labor und dann zu Goblins einsamem Verschlag.

Er schleicht sich zu Goblin, um ihn zu trösten.

Und deshalb hat er ein ganz schlechtes Gewissen. Er weiß ja, daß Goblin keinen Kontakt zu Menschen haben darf. Es ist verboten, ihn anzufassen, mit ihm zu sprechen oder ihm irgendeine Form von Aufmerksamkeit zu widmen. Goblin darf weder mit Menschen noch mit Tieren zu tun haben.

In seinem Traum ist Dr. Winge wieder jung. Er ist jung und kann sich nicht beherrschen. Er macht das, was er schon damals vor langer Zeit machen wollte: Er tröstet das verzweifelte kleine Tier.

Triebe und Instinkte lösen ein Flimmern vor seinen Augen aus, ein rotes Flimmern wie Feuer und Blut. Er befindet sich in einem Traum, in dem er schließlich nicht mehr an das Experiment denkt. Er hält den zusammengekrümmten Affenkörper in den Händen, und er streichelt den zähen kleinen Kopf. Er überlegt sich, daß die Studenten wohl selber begreifen können, wie schrecklich es ist, verlassen, übersehen und eingesperrt zu werden – dazu brauchen sie Goblin nun wirklich nicht. Goblin dagegen braucht die Wärme eines lebendigen Körpers und ein schlagendes Herz.

Im Traum wirkt das so selbstverständlich.

Er denkt nicht einmal an die Arzneimittelfirma, die das Labor finanziert und dafür Leistungen erwartet. Er streichelt Goblin einfach nur, und Goblin öffnet seine dunklen runden Augen und sieht ihn an. Dr. Winge küßt ihn und weint, und Goblin lächelt gelassen, verzeihend, wie ein Heiliger auf dem Scheiterhaufen, und er öffnet langsam die kleinen Fäuste, um dann zu sterben.

Dr. Winge verläßt Goblin und geht zu Hagars Käfig.
Er kann ihr abgehacktes, kurzes Gebrüll zum Verstummen bringen. Als er ihr verspricht, daß von jetzt ab alles besser werden wird, wackelt sie nicht mehr mit dem Kopf. Sie umarmt ihn und schluchzt, und am Ende schluchzt sie dann nicht einmal mehr.
Als er da vor dem Käfig steht, erkennt er: Hagar ist in etwas Fremdem gefangen, das sie niemals ganz verstehen wird und das er im Grunde selber nicht begreift. Sie hat ihn gern, weil sie sonst niemanden hat.
Dr. Winge sieht Hagar mit neuen Augen. Es ist ihm immer so normal vorgekommen, daß sie allein in ihrem Käfig sitzt – aber jetzt ist das überhaupt nicht mehr normal.
Er kann die tiefe, zerreißende Trauer in ihrem Blick nicht wegdiskutieren, und vom Geruch von Blut und Äther wird ihm schlecht. Er sieht, daß der Hund hinter dem Vorhang die Zähne fletscht, bedrohlich, sehr bedrohlich. Er hat Angst, denn er weiß, der Hund wird ihn beißen, wenn er ihn losbindet, obwohl es gar nicht sein Experiment ist. Er weiß, daß er dennoch Verantwortung trägt.

Dr. Winge läuft zwischen Hagar und Goblin hin und her. Er ist ganz allein, die Ausgänge sind abgeschlossen.
Der Hund dreht sich in der Hängematte um. Er fletscht mit den Zähnen und gibt murmelnde Töne von sich. Die Schläuche unter seinem Bauch tropfen.
Dr. Winge begreift, daß das hier entsetzlich falsch ist, es darf einfach nicht so sein.
Er findet zwei fiepende Mäuse, die auf eine dicke Nadel aufgespießt sind. Ihr Jammern lähmt ihn fast, und als er eine Spritze

sucht, um die Mäuse einzuschläfern, stolpert er über Gläser mit rosa Kapseln. Er fällt über den großen Kasten mit den Meerschweinchen, die im Borschlammdampf Atem holen müssen.

Und plötzlich ist er an einem ganz anderen Ort.
Er steht in einem tropischen Wald.
In einem üppigen, feuchten Wald, der tropft, blüht und pocht. Er kann nicht einmal die Wipfel der Bäume um ihn herum sehen. In den Bäumen wimmelt es von singenden roten Vögeln. Und dann erblickt er Hagar. Auch sie ist hier. In gewisser Hinsicht war sie immer hier.
Eine wilde und freie Hagar, die träge ein Stück von ihm entfernt auf dem Rücken liegt. Sie scheint ihn nicht zu sehen, oder vielleicht findet sie ihn einfach nicht interessant. Und sie hat etwas anderes zu tun. Sie plaudert mit Goblin, der rittlings auf ihrem Bauch sitzt.
Goblin entblößt seine Zähne zu einem innigen Lächeln. Seine Augen glitzern, als wäre unsichtbarer Goldstaub über die dunkle Netzhaut gerieselt. Er streckt die Arme nach einem abgebrochenen Blütenzweig aus, den Hagar neckend von einem Fuß zum anderen weiterreicht. Schließlich erwischt er ihn und drückt ihn hingerissen an seine Brust. Blaue Blütenblätter sinken zu Boden.
Dr. Winge kann fließendes Wasser hören, kann hören, daß sich im Unterholz kleine Tiere bewegen. Er spürt die Wärme des Sonnenlichts, das durch die dunkelgrünen, wächsernen Blätter sickert. Er möchte hierbleiben. Er möchte sich auf den Rücken ins grüne Gras legen, so wie sie, und die Apparate, die Gifte und die langen Nadeln vergessen.

Aber kaum hat er sich überlegt, daß er lieber hierbleiben würde, egal wie viele wilde Tiere ihn vielleicht fressen wollen, kommt schon der nächste Szenenwechsel.

Jetzt steht er wieder vor Goblins einsamem Käfig, wo der Traum angefangen hat.

Alles ist wie vorher. Als ob Goblin ihm niemals verziehen und zum Sterben ruhig die Fäuste geöffnet hätte.

Hier liegt Goblin leise jammernd auf dem Drahtboden, und alle seine Körperöffnungen sind triefnaß. Er beißt auf seinen Fingern herum. Seine Augen sind von Eiter verklebt. Wie ein bewegungsloser Knoten aus Angst und Sehnsucht liegt er hier, und bald wird die Einsamkeit ihn ersticken, während die schrecklichen Ersatzmaschinen wie böse Engel über seinem Körper aufragen.

*

Dr. Winge erwacht.

Nach seinem Alptraum fühlt er sich wie gerädert.

Er überlegt, daß er vielleicht überarbeitet ist.

Er kann nicht mehr schlafen.

In der Dämmerung setzt er sich mit einer Tasse Kaffee in die Küche. Lena merkt nichts davon. Auch Frederik und Marie schlafen ruhig in ihren Zimmern, und am Fußende von Maries Bett wird wohl die weiße Katze liegen.

Durch das Küchenfenster sieht Dr. Winge die Sonne über der Stadt aufgehen, eingehüllt in einen Rauchschleier. Er hört aus der Ferne das ununterbrochene Dröhnen der Autoschlangen, die durch die Welt fahren.

Seine Gedanken schweifen zu der großen Arzneimittelfirma, die das Labor finanziert. Er weiß noch, daß diese Firma vor einigen Jahren in einen Skandal verwickelt war, nachdem sie an irgendein Entwicklungsland ein Präparat mit bösen Nebenwirkungen verkauft hatte. Dr. Winge kann das nicht billigen, versucht aber, sich einzureden, das gehe ihn nun wirklich nichts an, und er sei schließlich kein Hüter der Moral.

Diese vielen Spritzen und Tabletten haben oft Nebenwirkungen. Und die Arzneimittelindustrie trägt auch zur Umweltverschmutzung bei. Er hat sich schon überlegt, daß sie im Grunde mehr Schaden als Nutzen einbringen. Und Tierversuche sind zumeist auch nicht besonders zuverlässig. Mäuse sind schließlich keine Menschen, ebensowenig, wie Affen Meerschweinchen sind. Es geht hier wohl vor allem um Tradition und Profit.

Dr. Winges Kaffee wird kalt. Er schwitzt und fühlt sich unwohl, und er weiß, daß ihm diese Gedanken kommen, weil sich eine Depression ankündigt. Er kennt nämlich ihre Anzeichen.

Er hatte auch mitten im Studium eine Depression. Damals haben sein Vater und ein Psychologe ihn gerettet und verhindert, daß er sein Studium abbrach. Er ist ihnen dafür dankbar. Jetzt ist Dr. Winge auf dem besten Weg, ein hervorragender Forscher zu werden. Neben der Arbeit mit Hagar ist er zusammen mit einem Kollegen mit einem sehr interessanten und aussichtsreichen Projekt befaßt.

Von Hagar hat er wohl nicht mehr viel zu erwarten. Sie wirkt inzwischen arg selbstzerstörerisch.

Und ist er das nicht selber eigentlich auch? Dr. Winge springt von seinem Stuhl auf und beißt die Zähne zusammen. Er kann diesen zersetzenden Gedanken nicht nachgeben, darf nicht wieder in krankhafte Grübeleien verfallen. Er ist jetzt erwachsen, ein vernünftiger erwachsener Mensch, und er trägt eine Verantwortung.

Auch damals setzte die Depression mit schmerzhaften, lebhaften Träumen ein. Damals suchte ihn sogar ein längst verstorbener Indianerhäuptling heim, über den er in der Schule etwas gehört hatte und der ihm etwas von den Seelen der Tiere, der Ganzheit der Natur und dem Untergang des Weißen Mannes erzählen wollte. Er muß auch an etwas denken, was George Bernard Shaw geschrieben hat: Daß Tierversuche immer von Übel sind, denn sosehr sie das Wissen der Menschen auch vergrößern mögen, so richten sie in seinem Charakter doch ebenso großen Schaden an. Was für ein sentimentales Gewäsch!

Aber Dr. Winge ist kein labiler Junge mehr, er braucht sich nicht beeinflussen zu lassen. Im zwanzigsten Jahrhundert kann man nun wirklich nicht mehr so leben wie zu Zeiten des Hippokrates, oder? Idealismus und wahrer Forschergeist sind gut und schön, aber man muß doch auch praktisch denken. Und warum sollte die Arzneimittelindustrie weniger korrupt sein als andere Unternehmen? Es ist doch logisch, daß man in dieser Branche die Leute in die Apotheken locken will. Und im Grunde ist die Arzneimittelindustrie trotz allem immer noch viel nützlicher als zum Beispiel die Kosmetikindustrie oder die Kriegs- und Raumfahrtindustrie, die mindestens ebenso viele Versuchstiere verbrauchen.

Und außerdem ist die Natur hart und brutal, das war immer schon so. Die Stadtmenschen wollen das nur nicht begreifen. Das ärgert Dr. Winge, der auf einem sturmgebeutelten Felsen am Meer aufgewachsen ist, als Sohn eines Fischers, der das Meer leerfischte. Energisch verdrängt er den Gedanken daran, daß Jagd und Ernährung in der Natur etwas ganz anderes sind als krankmachende und erniedrigende Gefangenschaft von der Geburt bis zum Tod.

Er ahnt, wie er die einsetzende Depression in den Griff bekommen kann: Er muß ganz schnell einen neuen Tierversuch starten.

Und er muß sich auch einen Arzttermin geben lassen, damit er erfährt, was es mit diesen Kopfschmerzen auf sich hat – er braucht die Gewißheit, daß es sich wirklich nicht um etwas Ernstes handelt.

Die Kette

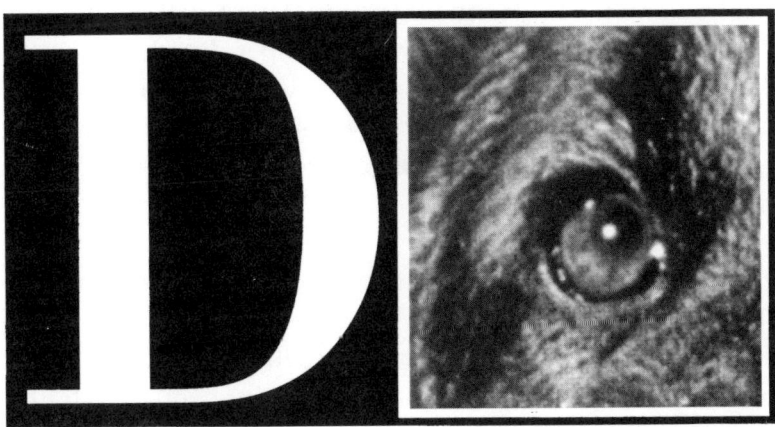

Das Hundebaby Jakk wurde an einem Sommertag geboren.
Die Heuschrecken sirrten auf der Wiese, die Rosen um das
Haus dufteten kräftig. Durch Sonne und Wind segelten auf
ihren winzigen Flügeln die Schmetterlinge.
Er spürte Licht und Wärme. Freundliche Wesen hießen ihn
willkommen. Alle Signale waren gut und beruhigend, und
sie sanken in ihn ein wie Steine durch klares Wasser und fanden unten in ihm ihren Platz.

In der ersten Zeit trank er meistens die süße, warme Milch
seiner Mutter, dicht an seine Schwestern geschmiegt. Die Zit-
zen der Mutter, ihr Fell und ihre rauhe Zunge, die ihn eifrig
leckte, waren das Wichtigste in seinem Leben.
Später wollte er spielen. Er spielte mit seiner Mutter und seinen Schwestern. Sie bellten, keuchten, knurrten und wedel-
ten mit dem Schwanz, und die Welt öffnete sich und gab eine
Schicht von bedeutungsvollen Zeichen nach der anderen frei.

Manchmal wollten auch die Menschen auf dem Hof spielen. Sie riefen und klatschten in die Hände. Sie zeigten auf Menschenweise die Zähne, und er begriff schnell, daß das keine Drohung sein sollte, sondern Freude zum Ausdruck brachte. Dies und noch viel mehr lernte Jakk über die Menschen. Er verstand einiges von ihrer Sprache, vor allem den Namen, den sie ihm gegeben hatten, den Klang, der er war: Jakk.

Die Menschen lernten auch etwas von seiner Sprache, aber das dauerte länger.

Wenn er auf dem Hof herumsprang, sah er manchmal die Bachstelze.

Die Bachstelze wippte umher, steckte ihren kleinen Schnabel in die Erde, blickte wieder zum Himmelsgewölbe hoch und scharrte wild mit den Füßen.

Aber wenn sich ein Mensch auf der Treppe oder am Zaun sehen ließ, war die Bachstelze sofort verschwunden.

Jakk hatte keine solche Angst vor den Menschen.

Für Jakk gehörten die Menschen zu seinem Rudel. Der Bauer selber, der Anführer, warf auf dem Hof gern mit Gummibällen, und Jakk machte es Spaß, hinter ihnen herzulaufen. Wenn er den Ball zwischen seinen Zähnen zurückbrachte und dem Bauern vor die Füße legte, dann kraulte der Anführer ihm das zottige Fell hinter den Ohren.

Jeden Tag füllte die Bäuerin seinen Napf. Und Siri, die kleine Tochter auf dem Hof, saß oft stundenlang bei ihm und streichelte ihn. Es war fast so wie früher, als er noch klein war und sich an seine Mutter schmiegte. Ach, er fand es so schön, gestreichelt und angesprochen zu werden, den Kopf in Siris Schoß zu legen und seinen Namen zu hören, während Rosenbeete und die Bratpfanne ihre Düfte aussandten.

Dann waren eines Tages seine Schwestern verschwunden.

Fremde Menschen holten sie, in Körben und Kästen, und fuhren mit ihnen davon.

Jakk sah zu, ohne viel zu begreifen. Er hätte wohl kaum darauf geachtet, wenn seine Mutter nicht so schrecklich gebellt hätte. Sie bellte wirklich ganz entsetzlich, als ob sie an etwas denken müßte, was sie nicht ertragen konnte.

Der Bauer mußte sie an der Hundehütte anbinden.

Jakk saß derweil brav auf der Vortreppe. Aber sein Herz hämmerte wild, und sein Schwanz lag wie ein Besen hinter ihm, ganz gerade.

Gleich darauf kam Siri und machte mit ihm einen Spaziergang am Fluß. Sie rief seinen Namen und hatte in der Tasche einen wunderbaren Schokokeks für ihn. Und dann warf sie lange für ihn Stöckchen.

Deswegen ging es Jakk etwas besser. Er liebte Siri so sehr, und sie war ein wichtiges Mitglied des Rudels. Ihre Zärtlichkeit tröstete ihn, ihre Ruhe ließ alles weniger gefährlich wirken. Fast vergaß er das schreckliche Gebell seiner Mutter, das aus einer engen, geschrumpften Kehle gepreßt worden war.

Nachdem die Schwestern verschwunden waren, beschäftigte die Mutter sich mehr mit Jakk.

Sie lief überall hinter ihm her, stupste ihn an, leckte und plauderte.

Und Jakk wurde groß und stark. Bald rannte er schneller als seine Mutter über den Hof. Sie jagten sich gegenseitig zum Spaß, sie wälzten sich nebeneinander in den Haufen von Herbstlaub. Der Blick der Mutter wurde wieder klar, und sie stellte die Ohren so munter wie früher auf.

*

Die Tage wurden kürzer.

Die Sonne versteckte sich hinter kühlem Dunst, und alles roch anders. Viele Vögel waren jetzt verschwunden. Auch die Bachstelze ließ sich nicht mehr blicken.

Eines morgens lagen farblose Decken über Hof und Blumenbeeten.

Die Mutter mochte nicht mehr spielen. Wenn Jakk durch den Schnee stürmte oder an den Reviergrenzen des Rudels entlanglief, um sie zu bewachen, lag die Mutter müde vor dem Kamin auf dem Bauch und klimperte mit den Augen.

Eines Tages fuhr der Bauer im Auto mit ihr weg und kehrte allein zurück.

Jakk hoffte lange, seine Mutter werde wieder auftauchen. Er suchte sie überall auf dem Hof, schnüffelte, winselte und fiepte. Und die ganze Zeit hatte er so ein seltsames Gefühl in der Brust.

Aber die Mutter kam nicht zurück, und auch ihr Geruch verschwand. Die Decke unter der Treppe bewahrte ihn am längsten auf.

Nun war Jakk der einzige Hund auf dem Hof.

Er gehörte noch immer zum Rudel, aber er spürte, daß etwas fehlte. Obwohl die Bäuerin seinen Napf füllte und Siri ihn streichelte, wollte dieses Gefühl von Unruhe nicht weichen. Denn sie waren nicht wie er. Jakk hatte niemanden seinesgleichen mehr, mit dem er reden und wild spielen und an den er sich in den kalten Winternächten anschmiegen konnte.

Er schlief schlechter, fuhr immer wieder aus dem Schlaf hoch. Mit schlaff hängendem Schwanz stand er am Fenster.

Jakk träumte von Sonne und Wärme, vom Duft der Wiesenblumen und kleinen Tieren im Gras, von munterem Gebell.

Wenn Siri mit ihm auf der Landstraße spazierengehen wollte, außerhalb des Hofgeländes, dann nahm sie Jakk an die Leine. Ein Lederriemen wurde an seinem Halsband befestigt, und Siri lenkte alle seine Bewegungen. Er konnte nicht losjagen, wenn eine Katze auf dem Zaun balancierte oder an einem Baumstamm ihre Krallen wetzte, und er konnte auch nicht stehenbleiben, um andere Hunde zu begrüßen.

Er fröstelte vor Kummer, wenn er andere Hunde roch. Vage erinnerte er sich an seine Mutter und seine Schwestern, an das Gefühl des Zusammengehörens, an die Zufriedenheit, an die Sprache, die weder Kühe noch Menschen richtig verstanden.

Eines Morgens kam der Bauer mit der Kette.

Die Kette glänzte und hatte an beiden Enden einen Haken.

Der Bauer redete mit Jakk und kettete ihn an der Hundehütte an.

Jakk hielt das zuerst für ein neues Spiel. Aber der Abend kam, und er stand noch immer da.

Nach einer Weile begriff er, was seine Aufgabe war. Wie bisher sollte er das Revier des Rudels bewachen, aber nun konnte er nichts anderes mehr tun. Er hing an der Hundehütte fest.

Wenn unbekannte Menschen den Hof betraten, mußte er sofort laut bellen, um den Bauern und seine Familie zu warnen.

Bei Tag und bei Nacht mußte er wachsam sein und seinem Rudel dienen.

Jakk hatte ein kräftiges Fell, aber die Nächte in der Hundehütte waren trotzdem schlimm. Er träumte oft von seiner Welpenzeit, als er geborgen im Menschenhaus gelegen hatte, in der Wärme. Er dachte an Fell und Zunge seiner Mutter und an den Sommer.

Die Tage waren kurz und öde.

Der eiskalte Wind wehte durch den Eingang der Hundehütte.

Die Nächte waren endlos lang und schrecklich.
Überall lag Schnee, und selbst der mächtige Baum mitten auf dem Hof hatte seine Blätter verloren. Die ganze Welt schien dahinzuwelken und in Kälte und Jammer zu versinken.
Nur die Menschen lebten warm hinter ihren Fensterscheiben, mit gezähmtem Feuer und gefüllten Schränken.
Für Jakk war ein Tag wie der andere. Immer war er an der Hundehütte angekettet, und sein Essen wurde ihm gebracht. Manchmal sprach Siri kurz mit ihm und gab ihm einen Keks. Aber das passierte bei weitem nicht so oft, wie Jakk sich das wünschte. Sie schien sich nicht mehr besonders für ihn zu interessieren, und spielen wollte sie überhaupt nicht mehr.
Jakk war nicht glücklich.
Und er fing an, die Kette zu hassen.

Dann schmolz der Schnee.
Überall lag der nasse Schneematsch, und die Sonne wurde stärker. Jakk roch neue Düfte, und sein Herz schlug schneller.
Es war Frühling.
Die ersten Blumen tauchten wie kleine Fransen zwischen den Grasflecken auf, und bald blühten auch die Beete der Bäuerin wieder. Flügelschlagen und Gezwitscher erfüllten die Luft, der Flieder öffnete sich zu duftenden Dolden, die Obstbäume wurden weiß.
Die Wärme kam.

Aber Jakk machte eine entsetzliche Entdeckung.
Er begriff, daß er den Sommer nicht genießen konnte. Die Hitze und die Gerüche wurden zu einer Qual für ihn, als er da an seiner Hütte angekettet war. Er konnte nicht über den Hof oder ins Wäldchen rennen, und er konnte nicht im Gras herumgraben. Er hatte niemanden zum Spielen und niemanden, mit dem er seinen Kummer teilen konnte.

Der Verlust seiner Freiheit machte ihn träge, sein Kopf wurde schwer. Für Jakk gab es keine zauberhaften Sommernächte, keine langen, sonnigen Tage. Er lag allein da, mit der Schnauze auf den Pfoten, und betrachtete eine Welt, zu der er nicht mehr gehörte. Eine Welt, die ohne ihn weiterging.

Für ihn gab es nur noch Arbeit.
Er mußte sofort aufspringen und bellen, wenn Fremde auf den Hof kamen. Das war seine Pflicht. Er ahnte, daß er nicht mehr zum Rudel gehören würde, wenn er sie versäumte. Der Anführer würde ihn dann verstoßen. Sein Dienst bei der Hundehütte war jetzt sein Leben, sein einziger Draht zur Wirklichkeit.
Er war nicht nur einsam und schrecklich unfrei. Er war auch gedemütigt. Niemals durfte er am Spiel der anderen teilnehmen, niemals mit ihnen gemeinsam essen.
Er hätte so gern ihre Liebe und ihre Achtung zurückgewonnen. Aber er verstand ihre Sprache nicht. Vielleicht hatte er sie nie verstanden. Das einzige, was er begriff, waren die scharfen Befehle: Jakk – Platz. Jakk – still.

Ein neuer Welpe kam auf den Hof. Er hieß Track, und Siri trug ihn auf dem Hof herum und warf Bälle für ihn.
Anfangs bellte Jakk Siri an und bat darum, mitmachen zu dürfen, aber bald sah er ein, daß das nichts brachte. Siri interessierte sich jetzt nur noch für Track.
Track war klein und weich. Und er war ein Hund, ein lebendiges Hundebaby mit herrlichen Düften. Manchmal, wenn Siri nicht in der Nähe war, kam Track zu Jakk. Krank vor Zärtlichkeit und Sehnsucht beschnüffelte Jakk den Welpen und redete mit ihm, so, wie er mit seiner Mutter geredet hatte, biß ihn liebevoll in den Nacken und knurrte verspielt.
Aber Track hatte nie viel Zeit für ihn.

Von den kurzen Momenten mit dem Welpen abgesehen, gab es für Jakk nichts anderes zu tun als zu sitzen, zu liegen oder in einem engen Kreis um die Hütte herumzulaufen.
Immer häufiger wurde seine Trägheit von wilder Wut durchbrochen. Er bellte jetzt scharf und abgehackt.
Und nun bellte Jakk nicht nur Fremde an, sondern auch Menschen, die er eigentlich gut kannte. Beim Anblick von Menschen schrie er auf.

Siri, die Bäuerin und der Bauer liefen immer wieder über den Hof.
Den Hof, auf dem Jakk einst herumgetobt hatte.
Die Menschen seines Rudels kamen mehrmals täglich an ihm vorbei. Sie sahen, wie sehr er litt.
Ab und zu blieben sie stehen und streichelten ihn. Dann wedelte Jakk mit dem Schwanz und leckte flehend ihre Hände.
Wenn sie sich umdrehten und gingen, winselte er jämmerlich.
Er konnte nicht vergessen, daß sie ihn früher geliebt hatten. Daß sie seinen Kopf auf dem Schoß gehabt und seinen Namen geflüstert hatten, als ob er ihnen etwas bedeutete. Daß sie für ihn in die Hände geklatscht und auf Menschenweise ihre Zähne gezeigt hatten.
Das fehlte ihm.
Und ihm fehlten auch der Wald, das Umherspringen und das Gefühl des Windes um die Ohren. Und über den Hof zu rennen, das fehlte ihm auch.

Die Bachstelze war wieder da. Sie flog auf ihren kleinen Flügeln hoch über die Welt der Menschen hinaus.

Und an einem der diesigen Spätsommertage kam das Auto.
Von seiner Hütte aus konnte Jakk das Auto unten auf der Straße sehen, in hohem Tempo kam es um die Kurve.

Er sah auch Siri, und er spürte die Gefahr wie eine zischende Flamme zwischen seinen Augen. Die Gefahr war da, und sie verschwand auch nicht wieder. Sie wuchs und erfüllte die Luft um ihn herum, sie befand sich jetzt überall, auch in Jakk. Er sprang auf die Hinterbeine und zerrte wütend an seiner Kette. Er mußte zu Siri, und zwar sofort.

Aber es half nichts, an der Kette zu reißen. Das hatte er auch früher schon versucht.

Das restliche Rudel war nicht zu hören oder zu sehen. Track war verschwunden. Der Bauer und die Bäuerin auch. Niemand konnte Siri helfen.

Nur Jakk war da.

Wie verrückt zerrte er an der Kette und riß die Augen auf. Sein Halsband schnitt in das dichte Fell an seinem Hals und dann in die Haut. Die Kette tat weh und war wirklich, aber nur ein kleiner Teil von Jakk achtete jetzt darauf. Er bellte und winselte und sah auf die Straße hinab.

Er sah Siris blutige Begegnung mit der Maschine.

Siri wurde in einem Bogen durch die Luft geschleudert. Sie schwebte wie ein großer roter Vogel dahin, ohne zu schreien. Ganz still.

Und dann fiel sie.

Und Jakk riß Kette und Haken aus der Wand.

Stärker war die Kette dann doch nicht gewesen.

Nun stürmte Jakk wieder über den Hof, nachdem er so lange krank vor Sehnsucht danach gewesen war. Er rannte davon, und der Wind spielte um seine Ohren.

Dort war das Rosenbeet, dort stand der Baum mitten auf dem Hof, dort war die Bachstelze. Er spürte das Gras unter seinen Pfoten, roch den Duft des Waldes, der Blumenbeete und der lebendigen Erde.

Aber Jakk konnte das alles nicht genießen. Er konnte nicht anhalten, um im sommerwarmen Boden zu graben oder zu spielen. Er begriff nicht einmal, daß er jetzt auf gewisse Weise frei war.

Jakk rannte über den Hof und erreichte Siri unten auf der Straße.
Sie lag ausgestreckt auf dem Rücken und war nicht mehr da.
Als Jakk sie beschnupperte, begriff er, daß sie fort war. Sie schlief mit offenen Augen, und das Blut verbreitete sich unter ihr wie eine Rose.
Jakk begriff, daß sie tot war. Und doch begriff er es nicht ganz. Es war so plötzlich passiert. Jetzt stand das Auto schräg auf der Straße und sah harmlos aus.
Der fremde Mensch stieg aus seinem Wagen. Er hockte sich neben Siri und betastete ihren Körper, und auch er schien nicht zu verstehen, daß alles vorüber war.
Jakk knurrte den Fremden an, der Siris Körper anfaßte.
Und der Mensch legte die Arme um Jakk und weinte und klagte.
Jakk war nicht mehr böse. Abgesehen von dem Weinen des Fremden war alles still. Jakk legte sich neben Siri. Er erinnerte sich an ihre Hände, an ihre Zöpfe, die ihn zwischen den Ohren gekitzelt hatten, wenn sie sich über ihn beugte.
Jetzt hätte er fliehen können. Jetzt war die Bahn frei.
Aber die Stille hielt ihn zurück, und das Weinen des Fremden erfüllte ihn mit Hoffnungslosigkeit. Der Wunsch nach Schlaf überkam ihn. Er schloß die Augen und dachte an ihre Stimme in seinem ersten Sommer.
So lag er da, mit dem schweren Kopf auf den Pfoten. Und wenn er sich bewegte, klirrte die Kette auf dem Asphalt.

Nach einer Weile kam das restliche Rudel. Zuerst die Bäuerin,

die wie Jakk über den Hof rannte und noch schlimmer weinte
als der Fremde.
Die Bäuerin und der Fremde starrten das Auto an, als ob sie
es haßten. Und das verwirrte Jakk.
Sie sahen das Auto voller Wut und Angst an, so wie Jakk seine
Kette.

Und dann kamen Track und der Bauer und zwei Menschen
vom Nachbarhof.
Die Menschen trugen Siris Körper zum Haus. Der Fremde ging
mit ihnen. Das Menschenrudel versammelte sich und trauerte.
Track winselte, und die Bäuerin streichelte ihn.
Auch Jakk wollte dabeisein. Er brauchte Trost, und er wollte
trösten. Beides war nötig, wenn alles so schrecklich war wie
jetzt. Die Menschen saßen und standen in der Küche, und auf
dem Tisch lag Siris Körper. Ihr rotes Kleid war jetzt noch röter,
und ihre blonden Haare waren ebenfalls von Blut durchtränkt.
Aber die Menschen dachten nicht an Jakk. Sie brauchten seinen Trost nicht, und ihm konnten sie auch keinen geben.
Track wurde kurz gestreichelt, weil er noch klein war und so
laut jammerte, auf Jakk dagegen achteten sie überhaupt nicht.
Nur der Fremde hatte da unten auf der Straße, als sie allein
waren, für einen Moment seine Trauer mit Jakk teilen wollen.
Jakk versuchte es mehrmals. Er wollte so gern seine Verzweiflung mit dem restlichen Rudel teilen, wollte seinen Kopf auf
den Schoß der Bäuerin legen und die Hände des Bauern lek-
ken. Er dachte nicht mehr daran, wie tief sie ihn verletzt hatten.
Aber wieder wurde er abgewiesen, wie bei den Mahlzeiten.
Scham und Trauer lähmten ihn jetzt. Sein Nacken tat weh,
und er spürte ein seltsames, graues Flimmern in sich.

Jakk wurde wieder an die Hundehütte gekettet.
Und die Kette saß fest, und es wurde Herbst.

Viehische Morde

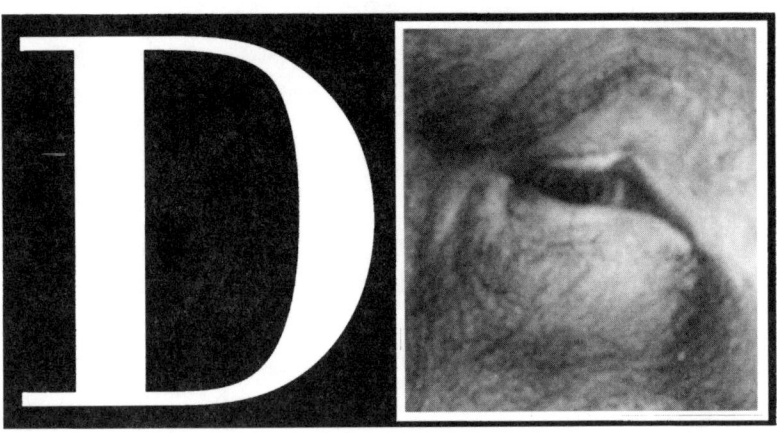

Dieses junge Schwein ist eigentlich eine feine und ganz besondere Persönlichkeit. Aber im Moment ist es so verängstigt, daß es nur noch aus Angst besteht.
Natürlich ist jedes lebende Wesen eine einzigartige Persönlichkeit. Manche fallen uns sofort auf, andere wirken auf den ersten Blick eher durchschnittlich. Aber alle sind im Grunde einzigartig. Es gibt keine zwei Schweine und auch keine zwei Menschen, die sich völlig gleich sind.
Aber wo die Angst herrscht, fällt es auch der ausgeprägtesten Persönlichkeit schwer, sich zu entfalten. Schwarze Blutrosen breiten sich vor den Augen aus, der Atem keucht und der Schweiß strömt. Übrig ist nur noch eine stinkende, zitternde Fleischmasse.

Das Schwein hat grausame Angst, solche Angst hat es noch nie gehabt.
Es versucht zu begreifen, was passiert, aber das kann es

nicht, und es gibt auch keine Möglichkeit, sich dagegen zu wehren.

Das Gefühl der Angst ist für dieses Schwein eigentlich nichts Neues. Aber heute ist dieses Gefühl stärker denn je.

Das heißt, vielleicht war die Angst an dem Tag, als das Schwein an die Wand angeschlossen wurde, genauso stark.

Das Schwein hat keinen Namen. Es hat eine Nummer, aber auch damit verbindet es nichts, und zu Menschen hat es niemals eine enge Beziehung gehabt. In dieser Geschichte werden wir es deshalb einfach nur »Schwein« nennen.

Das Schwein wuchs mit Hunderten von anderen Schweinen in einem Stall auf. Anfangs wußte es nicht, daß es auf der Welt noch etwas anderes gibt als diesen Stall.

Es durfte für kurze Zeit bei seiner Mutter trinken, zusammen mit seinen Geschwistern. Dann wurden die Kinder der Mutter weggenommen. Mutter und Junge schrien dabei natürlich ganz schrecklich, aber das hilft in einer modernen Tierfabrik auch nicht weiter.

Danach wurden die Ferkel zusammen mit anderen Ferkeln in einen Koben gesteckt. Sie standen darin ganz eng und langweilten sich. Ein Tag war wie der andere. Anfangs fehlten ihnen ihre Mütter sehr. Als das schlimmste Heimweh sich gelegt hatte, setzten Traurigkeit und Trägheit ein.

Und dann wurde das Ferkel etwas älter. Es wurde ein halberwachsenes Schwein, und es kam der Tag, an dem es den Koben verlassen mußte.

Im Koben hatte es sich immerhin umdrehen können, auch wenn das bisweilen ziemliche Mühe kostete. Die Schweine konnten einander mit den Schnauzen anstoßen, konnten plaudern und eine Art geselliges Leben haben. Im Koben hatte das Schwein seine interessante Persönlichkeit entwickelt.

So ein Koben bedeutet Freude und Freiheit im Vergleich zu einem Verschlag mit Halsjoch.

Es gibt immer einen Höllenlärm im Stall, wenn Jungschweine an die Wand angeschlossen werden sollen – oder lebendig begraben, wie wir das auch nennen können. Deshalb haben die Menschen ihre Routine entwickelt. Sie nehmen immer eine ganze Schweinegruppe, um den Lärm hinter sich zu bringen. Wenn fünfzig Schweine gemeinsam zwölf Stunden lang schreien, dann läßt sich das aushalten. Wenn jedes Schwein zwölf Stunden schreien dürfte, ehe wir mit dem nächsten anfingen, nähme der Lärm nie ein Ende.

Unser spezielles Schwein schrie natürlich genau so viel wie die anderen. Es geriet in Panik und brüllte den ganzen Tag, und aus Sauerstoffmangel war es hinter seinen Eisenstangen schon hellblau angelaufen.

Erst wurde es rückwärts in den Verschlag gedrückt, und der war so eng, daß es auf beiden Seiten an die Wände stieß. Aber noch jammerte es nur leise, es wußte ja nicht, was noch kommen würde.

Nun legten sie nämlich schnell und mit geübtem Griff dem Schwein das Halsjoch um. Das Schwein merkte sofort, daß es seinen Kopf jetzt nicht mehr bewegen konnte. Es steckte einfach fest, und das Halsjoch war an die Wand angeschlossen. Das Schwein konnte nur noch geradeaus blicken. Vor seinem Gesicht waren die dicken Eisenstangen, und das Schwein machte die Erfahrung, daß solche Eisenstangen nicht besonders gut schmecken.

Wenn der Kopf plötzlich festsitzt wie in einem Schraubstock, bewahren die wenigsten die Nerven, egal woran sie sich früher schon gewöhnt haben. Das Schwein riß und zerrte, um sich zu befreien, aber das half alles nichts.

Das Schwein glaubte, sterben zu müssen. Der Hals war wie

zugeschnürt, und sein Geschrei wurde erstickt, bis es nur noch ein leises Keuchen war. Das Schwein konnte an nichts anderes mehr denken. Es dachte nur: Jetzt müssen sie meinen Kopf doch loslassen.

Den ganzen Tag über keuchte, jammerte und zerrte es. Fast die ganze Zeit behielt der Körper des Schweines seine bläuliche Färbung.
Gegen Abend hing das Schwein wie eine leere Haut da und schnappte erschöpft nach Luft. Am Hals hatte es schon tiefe, brennende Wunden.

Auch am nächsten Tag kamen noch kleine Anfälle von panischem Geschrei, aber Hoffnung und Kräfte schwanden langsam dahin. Eine Woche darauf hatte das Schwein mehr oder weniger aufgegeben, und nach zwei Monaten war es so erschöpft und quengelig, daß es sich wahrscheinlich gar nicht mehr bewegt hätte, wenn es freigelassen worden wäre.
Anfangs versuchte es, mit den Zellennachbarn zu reden. Aber die waren dumpf und gleichgültig, denn sie waren schon länger hier. Schließlich wurde das Schwein wie sie. Es hob kaum noch die Ohren und war die ganze Zeit stocksauer. Es hatte keine andere Beschäftigung, als an den Stangen zu nagen und auf Futter zu warten. Besonders gut war das Futter übrigens nicht, und es wurde von einer Maschine serviert.

In regelmäßigen Abständen wurden neue Gruppen von unglücklichen Jungschweinen vom Koben ins Fegefeuer des Halsjochs verlegt.
Aber das Schwein bekam davon nicht viel zu sehen. Hören dagegen konnte es. Immer wieder dieselbe lautstarke Panik aus zahlreichen Kehlen. Oft schrie das Schwein selber mit, aus Sympathie und frischerwachtem Entsetzen.

Manchmal träumte das Schwein.

Die Traumbilder waren unklar und schwer zu verstehen. In ihnen gab es ein seltsames Licht, eine Art warmen Fächer aus Licht. In der Wirklichkeit hatte das Schwein so etwas noch nie gesehen.

In diesen Träumen kamen auch Schweine und andere Wesen vor, Menschen jedoch nicht. Es gab Schweine und etwas Feuchtes, in dem man sich herumwälzen und in das man die Schnauze bohren konnte. Es war wirklich ganz erstaunlich, und es gab keine Menschen.

Wenn das Schwein aus einem solchen Traum erwachte und das Halsjoch spürte, dann wurde es manchmal fast wahnsinnig und schrie, bis die Menschen kamen und es schlugen.

Doch, das Schwein hatte oft Angst. Es hatte Angst und war verzweifelt. Aber nur an dem Tag, als sie ihm das Halsjoch umgelegt hatten, hatte es so schreckliche Angst gehabt wie jetzt.

Jetzt weiß es nicht mehr, wo es ist, weiß nur, daß es nicht im Stall steht.

Und es weiß, daß es lieber nicht hier sein sollte, daß hier Gefahr droht. Das Schwein spürt, daß es wegrennen sollte, aber das ist unmöglich, wie immer.

Vor einigen Tagen wurde dem Schwein gleich nach dem Frühstück das Halsjoch abgenommen.

Das war ein unbegreiflich seltsames Gefühl.

Das Schwein hatte ja eigentlich gehofft, daß das früher oder später passieren würde. Aber es hatte nicht mehr damit gerechnet.

Und als es dann passierte, wirkte es nur noch unwirklich.

Der Schwein stand mit hängenden Ohren da und glotzte blöd, genau wie vorher, als ob es noch im Joch steckte. Alles drehte sich im müden Kopf des Schweines.

Aber dann wurde es aus dem Verschlag gezerrt, und ihm ging auf, daß das Ganze offenbar einen Sinn hatte und daß es nicht mehr an die Wand angeschlossen war.

Daß etwas Unwirkliches passierte.

Die Menschen im Stall holten auch viele andere Schweine aus ihren Verschlägen. Und für das Schwein war es ein großes Erlebnis, einfach im Mittelgang zu stehen und nach Herzenslust den Kopf zu bewegen. Es bewegte auch den Körper und sah sich die vielen anderen Schweine an. Von den vielen Eindrücken wurde ihm fast schwindlig.

Bald darauf wurden die Schweine zur Tür getrieben, durch die sonst die Menschen kamen und gingen. Zur Tür, von der ein so seltsamer Geruch ausging.

Und dann konnte das Schwein die Welt sehen.

Ja, das Schwein sah, daß hinter der Stalltür etwas Riesiges lag, das sich in alle Richtungen erstreckte.

Es war erschreckend und gleichzeitig wunderbar.

Und natürlich war es für das arme Schwein ein ganz unerwarteter Anblick, und doch hatte es das Gefühl, diesen Anblick irgendwie wiederzuerkennen.

Denn die Landschaft vor dem Stall paßte zu den Träumen des Schweins. Zu den spannenden Träumen, die immer so schwer zu verstehen gewesen waren. Hier in der Welt gab es das Licht aus den Träumen. Es strahlte dem Schwein voll ins Gesicht, und für einen Moment war es wie geblendet. Das Licht strahlte von einer Art Decke, die so hoch war, daß es sie fast nicht zu geben schien.

Wie offen und gewaltig alles hier war! Soviel Pracht, so viele Farben, überall ein Chaos aus lebendigen Düften!

Ja, es war fast zuviel. Das Schwein glaubte, vor Glück zerspringen zu müssen. Sein Herz hämmerte los, und es konnte sich einfach nicht mehr rühren. Mit kugelrunden Schweinsäuglein und halboffenem Mund stand es breitbeinig da und nahm das phantastische Erlebnis in sich auf.

Aber sehr lange kann das nicht gedauert haben, denn die Menschen sind immer in Eile, und sie machten sich sofort über das Schwein und seine Kollegen her.

Die Menschen schrien und schlugen mit ihren Stöcken und wollten das Schwein und die anderen in eine Art düsteren, scheußlichen Gemeinschaftskoben jagen, der vor dem Stall stand und dem Schwein ziemlich unheimlich vorkam, obwohl es nicht wußte, daß es ein Tiertransporter war, der sie in den Schlachthof bringen sollte.

Die ganze Aufmerksamkeit des Schweines galt der Welt mit dem glitzernden Licht. Es merkte zwar, daß die Menschen schlugen, aber zum ersten Mal schien das keine große Rolle mehr zu spielen. Das Schwein wollte natürlich lieber die Welt entdecken als in den neuen Koben zu wandern.

Als das Schwein geistesabwesend im Sonnenschein stand und verprügelt wurde, begriff es einiges von seinen Träumen. Es begriff alles, was nötig war, und das ist immer ein schönes Gefühl.

Das Schwein blickte auf die weite Landschaft, die im Licht duftete, und es spürte, daß hier genug Platz war zum Laufen und Spielen und zum Herumwälzen. Sein ganzer Körper sehnte sich danach, das alles auszuprobieren. Da draußen gab es sicher vieles, in das es die Schnauze stecken und in dem es herumwühlen könnte, Dinge, die es essen und vielleicht wieder ausspucken könnte, Dinge, mit denen es sich amüsieren und die es erforschen und lieben und verwerfen könnte.

Das Schwein sah natürlich, daß es auch hier draußen Sperren gab. Aber die Sperren waren durchsichtig und wirkten teilweise ziemlich schwach, und die fabelhafte Pracht dahinter lockte weiter. Wild vor Sehnsucht starrte das Schwein durch den Zaun. Es spürte, daß es den anderen ebenso ging, und es wünschte, sie alle könnten losrennen und alles gemeinsam erleben.

Aber schließlich wurden die Stockschläge dann wieder wirklich, und es führte kein Weg an dem blöden Gemeinschaftskoben auf Rädern vorbei.

Die Schweineschar wurde in den Wagen geprügelt und dort eingepfercht.

Um sie herum wurde es dunkel. In ihnen wurde es dunkel.

Und obwohl es kein Halsjoch mehr trug empfand das Schwein schlimmere Trauer und Verzweiflung als je zuvor. Denn nun hatte es gesehen, wie es außerhalb des Gefängnisses aussah, was ihm entging. Es hatte das Gefühl, ihm sei ein neues Halsjoch umgelegt worden, ein inneres Halsjoch.

Schleppend und dröhnend setzte sich der Koben in Bewegung. Die Schweineschar wurde hin und her geschleudert, und wo genug Platz war, fielen sie kreuz und quer übereinander, aber das war meistens nicht der Fall.

Einige wurden an die Wände gepreßt und fast erdrückt, und es dauerte lange, bis sie Wasser bekamen. Es war heiß und scheußlich im Koben. Einige Schweine schrien, andere winselten, aber nach und nach verstummten die meisten. Sie keuchten nur noch.

Zwei blieben liegen und kamen nicht wieder hoch, und es ließ sich nicht vermeiden, daß die anderen auf sie traten.

So schaukelte der Tiertransporter lange Zeit dahin. Es gab nur zwei Pausen, in denen die Schweine etwas zu trinken bekamen. Die Tür wurde geöffnet, und draußen sah das Schwein wieder das Licht. So erschöpft es auch war, sehnte es sich doch immer noch danach, loszulaufen und sich auf dem Boden zu wälzen.

Schließlich wurde die Tür zum letzten Mal geöffnet, und diesmal sperrangelweit. Das Schwein und die anderen wurden aus dem Koben gejagt.

Und das Schwein taumelte ins Licht, schwach und elend, aber glücklich, weil es wieder draußen war. Es war wirklich glücklich. Wir dürfen nicht vergessen, daß dieses Schwein eine ganz außergewöhnliche Persönlichkeit war.

Obwohl es in den letzten Tagen soviel erlebt hatte, war das Licht doch das Größte und Erstaunlichste von allem, das wußte das Schwein. Auch die anderen Schweine schienen von dem Anblick außer sich zu sein, und es fiel den Menschen nicht leicht, sie schnell genug weiterzutreiben.

Aber sie griffen wieder zu Stöcken und Peitschen und setzten damit ihren Willen durch.

Die Schweine wurden in einen neuen Stall gejagt, wo alles weiß und glänzend und ganz anders war als im alten.

Es war ein großer, moderner Schlachthof, mit rationellen Hilfsmitteln jeglicher Art. Es gab Fließbänder, Schlachttunnel, Apparate, die elektrische Stöße verpaßten, und noch vieles mehr. Große Tiere wurden durch den beklemmend engen Tunnel gejagt, wo sie den festen Boden unter den Füßen verloren und auf einem Fluß aus stinkendem Angstschweiß dahintrieben, während zappelnde Hühner mit den Füßen an rotierenden Metallständern aufgehängt wurden, um geköpft zu werden.

Das Schwein erwartete schon fast einen neuen Verschlag mit Halsjoch. Aber ein Halsjoch war nicht zu sehen. Statt dessen landete das Schwein in einem unglaublich langen Verschlag, in dem viele Schweine hintereinander standen. Sie standen so dicht, wie sie es gewohnt waren, konnten aber die Köpfe bewegen. So standen sie da, Schnauze an Schwanz, grunzend und verwirrt, dicht hinter dem Schwein vor ihnen, während hinter ihnen schon das nächste Schwein schnaufte.

Anfangs fürchtete das Schwein sich noch nicht so sehr. Es war eher verwirrt und nach den Tagen im Tiertransporter vor allem erschöpft.

Sie schienen irgendwohin unterwegs zu sein, aber das Schwein konnte sich nicht so recht vorstellen, wohin oder warum. Es war ein optimistisches Schwein, und deshalb versuchte es sich vorzustellen, daß am Ende des Schlachttunnels eine gute Stelle zum Herumwälzen liegen würde.

Das Schwein hatte noch nie so viele andere Schweine gesehen. Hier waren nicht nur die Schweine aus dem alten Stall, die zusammen mit ihm bei dem schaukelnden Transport fast verdurstet waren. Hier gab es auch noch massenhaft andere, ein wogender Teppich aus ängstlichen, hellroten Körpern in bleichem Licht.

Sie wurden wieder ein Stück weitergejagt, und plötzlich bemerkte das Schwein den Geruch von Blut.

Einen kräftigen Geruch. Nach Blut und etwas anderem, und das Schwein wußte sofort, daß dieses andere sehr gefährlich war und etwas mit dem Tod zu tun hatte.

Dem Schwein wurde ganz heiß vor Angst. So heiß, daß ihm rote Punkte vor den Augen tanzten.

Jetzt begriff das Schwein, daß es sich am Ende des Tunnels nicht herumwälzen würde, daß es keine Stelle zum Spielen gab. Am Ende des Tunnels wartete etwas Grauenerregendes, etwas, das nur nach Elend roch und unerträglich war. Es mußte das Halsjoch aller Halsjoche sein.

Die anderen Schweine merkten das natürlich auch. Sie schrien und wehrten sich. Keines wollte noch weitergehen, wenn es angestoßen wurde. Statt dessen stemmten sie die Füße auf den Boden und wehrten sich aus Leibeskräften, heulten und warfen ihre befreiten Köpfe in den Nacken, reckten wütend die Hälse, um zu beweisen, daß sie noch lebten.

Alle wollten weg von hier.

Aber die Menschen packten sie mit steifen Handschuhen und prügelten auf sie ein und stießen brutal zu. Die Schweine bewegten sich langsamer als bisher, aber sie bewegten sich noch immer.

Sie bewegten sich in der falschen Richtung, auf den Gestank von Tod und Terror zu.

Alle schrien. Alle wußten es jetzt. Sie standen in der endlosen Rinne und schrien und jammerten, und das Schwein sehnte sich nach der Sicherheit in seinem Verschlag, mit oder ohne Halsjoch.

Als das Schwein so dastand und dermaßen zitterte, daß die Beine unter ihm nachzugeben drohten, fiel ihm ein, daß einer von den Menschen es hinterm Ohr gekrault hatte. Das Schwein sah sich um, vielleicht war dieser Mensch ja unter den steifen Handschuhen zu finden. Denn es war ein besonders begabtes Schwein, ein Schwein von alleredelster Sorte. Es wußte nicht so recht, was es von diesem Menschen erwartete, wenn es ihn denn finden könnte, aber vielleicht hätte er doch etwas unternommen? Aber er ist nicht da.

Das Schwein hat Angst. Der Lärm ist jetzt fast unvorstellbar. Es scheppert, klirrt, dröhnt, zischt und knallt. Alles ist blendend weiß. Die Menschen rufen, die Tiere schreien aus Leibeskräften. Das Schwein weiß jetzt, daß es hier nicht mehr lebend herauskommen wird. So etwas weiß man einfach. Man erkennt es am Geruch, am Geschrei und am Blick der Menschen, und das Schlimmste ist, wie lange es dauert.

Jetzt wird das Schwein aus der Rinne auf ein Fließband verladen. Das Fließband trägt das Schwein weiter, und es ist unmöglich und unnötig, noch die Beine zu benutzen.

Das Schwein sieht, daß die, die vor ihm an der Reihe sind, umkippen und zwischen den Wänden hin und her geschleudert werden. Und nun ist das Schwein an der Reihe, und es schämt sich ein bißchen über das Gefühl, das ekelhafte Gefühl, ohne Knochen zu sein, ein herumgeworfener Klumpen. Aber dann wischt die Angst alle anderen Gefühle aus, alle Bilder. Das Schwein hört weiter vorn Tiere auf grauenhafte Weise heulen, anders und noch schlimmer als zuvor. Das Schwein fragt sich, was sie sehen, wem sie dort begegnen.

Das Schwein fällt ins Weiße, und der dröhnende Tod hat das Schwein gefangen, zerrt seinen Körper auf das irrwitzige Geschrei und den erstickenden Dunst zu, in eine Begegnung mit etwas Fürchterlichem. Aber für einen Moment erinnert sich das Schwein doch noch daran, daß es trotz allem etwas erlebt, etwas gesehen hat. Einmal im Leben hat es das Licht gesehen.

mehr *lesen*

von Elin Brodin:

«Die Konfrontation mit Potis Angst und Adrians Verzweiflung katapultieren Sofie aus ihrer Bildungsbürgerfamilie hinaus. Ein sensibles, unpathetisches und erschütterndes Buch.»

Brigitte

Elin Brodin

Lieber Poti...

Verlag Sauerländer

Siebzehn ist Sofie, als sie Poti kennenlernt. Ausgerechnet sie, die zum Aerobic-Kurs geht und für Markenklamotten spart, verliebt sich in den Aussteigertypen, der mit dem Punk Adrian in einer Bruchbude wohnt und malt. Warum es gerade ein ‹aidskranker, homosexueller Haschraucher› sein soll, will ihr Vater wissen, der als Psychologe doch sonst so mit Toleranz aufzuwarten bereit ist. Trotzdem Poti sich mehr für Adrian interessiert, entwickelt sich zwischen Sofie und Poti eine enge Freundschaft. Ein Jahr nach Potis Tod beschließt Sofie, ihm einen Brief, eigentlich viele Briefe zu schreiben. Briefe, in denen sie sich erinnernd selbst entdeckt.

Auswahlliste Jugendliteraturpreis 1994

Ab 14 Jahren, 140 Seiten. Gebunden.

Verlag Sauerländer